LA GUÍA COMPLETA PARA NO ENVEJECER

Descubre las Claves para Revertir o Alentar el Envejecimiento y Rejuvenecer Múltiples Años

CHRIS M. ROMERO

© Copyright 2021 – Chris M. Romero - Todos los derechos reservados.

Este documento está orientado a proporcionar información exacta y confiable con respecto al tema tratado. La publicación se vende con la idea de que el editor no tiene la obligación de prestar servicios oficialmente autorizados o de otro modo calificados. Si es necesario un consejo legal o profesional, se debe consultar con un individuo practicado en la profesión.

- Tomado de una Declaración de Principios que fue aceptada y aprobada por unanimidad por un Comité del Colegio de Abogados de Estados Unidos y un Comité de Editores y Asociaciones.

De ninguna manera es legal reproducir, duplicar o transmitir cualquier parte de este documento en forma electrónica o impresa.

La grabación de esta publicación está estrictamente prohibida y no se permite el almacenamiento de este documento a menos que cuente con el permiso por escrito del editor. Todos los derechos reservados.

La información provista en este documento es considerada veraz y coherente, en el sentido de que cualquier responsabilidad, en términos de falta de atención o de otro tipo, por el uso o abuso de cualquier política, proceso o dirección contenida en el mismo, es responsabilidad absoluta y exclusiva del lector receptor. Bajo ninguna circunstancia se responsabilizará legalmente al editor por cualquier reparación, daño o pérdida monetaria como consecuencia de la información contenida en este documento, ya sea directa o indirectamente.

Los autores respectivos poseen todos los derechos de autor que no pertenecen al editor.

La información contenida en este documento se ofrece únicamente con fines informativos, y es universal como tal. La presentación de la información se realiza sin contrato y sin ningún tipo de garantía endosada.

El uso de marcas comerciales en este documento carece de consentimiento, y la publicación de la marca comercial no tiene ni el permiso ni el respaldo del propietario de la misma.

Todas las marcas comerciales dentro de este libro se usan solo para fines de aclaración y pertenecen a sus propietarios, quienes no están relacionados con este documento.

Índice

Introducción · vii

1. Principios nutricionales básicos · 1
2. ¿Cuánta agua debes tomar para mejorar la función cerebral y los niveles de energía? · 41
3. La desintoxicación y cómo puede mejorar tu sistema inmune y aumentar la vitalidad · 55
4. Ejercicios que pueden revitalizar tu cuerpo · 73
5. Los secretos para un sueño saludable · 99
6. Ejercicios mentales para restaurar la juventud cognitiva · 119
7. Dos técnicas de relajación que te pueden ayudar con el estrés y la ansiedad · 129

Conclusión · 145

Introducción

¿Estás cansado de sentirte exhausto y agotado mentalmente todo el tiempo? ¿El pensamiento de envejecer siempre está en el fondo de tu cabeza? ¿Deseas tener un estilo de vida saludable, pero no sabes dónde comenzar?

Entonces has llegado al lugar adecuado.

La edad es sólo un número. Todo está en la mente. La mente inteligente hace que las señales se vuelvan pensamientos. Si todo el tiempo te estás preguntando sobre tu envejecimiento y los efectos que tienen en tu cuerpo, entonces es probable que tu cuerpo lo demuestre.

Debes caminar tu propio camino y combatir las enfermedades y los desastres en tu vida.

Introducción

Un buen modelo de envejecimiento se basa en la interacción entre los procesos de lo que genera el daño y la reducción de tiempo a la hora de recuperarnos y controlar los daños. Envejecer no es algo malo y por lo general las personas suelen morir por enfermedades que se pueden prevenir en gran parte. El concepto de envejecer es un error. Crecer es un procedimiento de rutina, pero preferimos aferrarnos erróneamente a las cosas equivocadas en nuestras vidas. Estamos atrapados por las diferentes enfermedades que nos rodean como una tormenta y no sabemos cómo salir de ella.

Este libro te proporciona una guía paso a paso para mejorar tu salud física y mental para que así te puedas sentir más joven y más feliz que nunca. Aquí vas a aprender las bases de la nutrición, diferentes dietas que promueven el bienestar y consejos sobre cómo tomar mejores decisiones nutricionales. Vas a descubrir la importancia de mantenerse hidratado y tomar la cantidad adecuada de agua a la hora correcta del día. Te voy a presentar la desintoxicación y cómo puedes implementar la de forma correcta para ayudar a tu cuerpo a deshacerse de las toxinas dañinas y de las impurezas que afectan tu cuerpo.

Este libro te ayudará a comprender la relación entre la salud y ser físicamente activo, mientras que también proporciona planes de ejercicio para rejuvenecer y devolver la energía a tu cuerpo.

De forma similar, esta guía también habla de la importancia de mantener la mente activa y ver cómo mejorar tu habilidad cognitiva con la ayuda de ejercicios específicos. Vamos a abarcar la necesidad de un sueño apropiado y de cómo mejorar la calidad y duración del descanso nocturno. Por último, en este libro vamos a hablar del estrés y de los problemas de ansiedad y de cómo puedes manejarlos de forma eficiente por medio de técnicas de relajación.

Al intentar las técnicas y los consejos de este libro, las personas a tu alrededor y tú mismo podrán notar los cambios. Verás por ti mismo que tu calidad de vida ha mejorado y que estas prácticas sencillas, pero efectivas, tienen un impacto positivo en tu salud general. Este libro te presenta muchos métodos, ideas, técnicas y recomendaciones. Todos pueden encontrar algo con lo que pueden identificarse, lo cual te ayudará a cumplir sus metas, siempre y cuando haya un seguimiento. También es importante darse cuenta que el mejor momento para cambiar tu vida es ahora. No hay mejor momento que el presente y, entre más tiempo pierdas dudando o buscando excusas, perderás la oportunidad de encontrar tu mejor versión. Todos merecemos vivir una vida feliz y saludable, así que no pospongas el inicio de una nueva y mejor etapa de tu vida. Y no te quedes con este conocimiento para ti mismo, comparte lo con tu familia, amigos y con las personas jóvenes en tu vida.

Con toda las dietas y la mala información que hay en este mundo, necesitan desesperadamente la salud y la guía para asegurarse de que crezcan para ser adultos felices y responsables.

Si remueves las toxinas de tu cuerpo, si eliminas el estrés, meditas y haces ejercicio, puedes ver milagros. Pero la terapia que más ayuda al envejecimiento es la alimentación. Tienes que incrementar el consumo de antioxidantes en tu dieta, lo cual de verdad puede revertir las señales biológicas del envejecimiento en el cuerpo. Tus niveles hormonales se van a revertir y se volverán normales. Tu vista mostrará una mejora importante y la presión arterial volverá a un estado normal.

Cambios esperados con la edad

Es de esperar que con la edad del cuerpo tenga cambios físicos y mentales. Algunos de estos cambios son genéticos o predispuestos. En general, podemos observar una disminución de las funciones de todo el cuerpo, decadencia variable en varios órganos y sistemas específicos, además de la presencia de diferentes enfermedades y síntomas. Se puede notar diferentes efectos negativos en todas las partes del cuerpo conforme uno envejece. Razón por la cual uno debe cuidarse y evitar estos problemas. Ahora veremos lo que puede suceder con las diferentes partes del cuerpo si no hay un cuidado correcto durante el crecimiento.

Ojos

Desarrollan cataratas, lo que es algo muy común. Otros problemas pueden ser el desarrollo de glaucoma, problemas de refracción y degeneración macular.

En las esquinas de los ojos se crean pequeñas arrugas conocidas como patas de gallo. Los ojos se secan debido a una menor producción de lágrimas. El lente del ojo se vuelve nublado y la visión se vuelve más difícil cuando hay menos luz.

Los ojos pueden dar comezón, y allí me and los ojos, se vuelve menos preciso el enfoque en un solo punto, la visión nocturna ya no es tan aguda y se necesita una luz más brillante.

Nariz

Se desarrollan muchas alergias, problemas para respirar, hay más riesgo de contraer gripe y se pueden desarrollar pólipos.

Orejas

Puede haber pérdida de audición y se crea más cerilla en los oídos. Se complica y la habilidad para escuchar sonidos muy agudos. Se reduce la sensación de claridad de las palabras y sonidos.

Olfato y gusto

Conforme envejecemos hay pérdida del sentido del gusto y del olfato. Esto sucede debido a los alimentos sin sabor, a la soledad, problemas dentales o a la falta de voluntad para cocinar.

Tacto y dolor

Con la edad, uno se vuelve más sensible y se adelgaza el grosor de la piel. Esto se debe a la pérdida de colágeno, pérdida de grasa y pérdida de pigmento. Existe una mayor tendencia a desarrollar moretones y la piel se rompe con mayor facilidad. Disminuye la habilidad del cuerpo para mantener su temperatura. Por supuesto, también se desarrollan arrugas, sobre todo en el rostro y en las manos.

Dientes

El desgaste de los dientes sucede con mayor facilidad. Se puede llegar a perder dientes y se rompen fácilmente. Las encías adelgazan y masticar se vuelve un problema.

Rostro

Las arrugas en el rostro se desarrollan debido a la pérdida de colágeno y grasa en la piel. La piel pierde color y se vuelve frágil y delgada.

El cambio estructural del rostro se debe a la pérdida de tejido y de grasa. Por esta razón, es mucho más fácil que aparezcan moretones y que haya menor resistencia a la luz, al calor y al frío.

Cabello

Es muy frecuente que haya pérdida de cabello, que se adelgace el cabello o se haga más áspero, se vuelve frágil y puede haber calvicie.

Uñas

Las uñas se vuelven frágiles y se desarrollan líneas y bultos. Las uñas pueden volverse negruzcas, curvarse en la forma de cuchara, descamación de las uñas, los dedos se hacen más gruesos o puede reducir el ancho de la uña.

Todo esto también puede suceder en las uñas de los pies.

Piel

La piel muestra signos de la edad de manera muy evidente en forma de arrugas, resequedad, alergias, pérdida de humedad, pigmentación, piel rugosa, adelgazamiento o endurecimiento de la piel.

Disminuye la capacidad de la piel para formar vitamina D cuando se expone a la luz solar, por lo que aumenta el riesgo de tener deficiencia de vitamina D.

Pechos

Los pechos en las mujeres son los primeros en mostrar las señales del envejecimiento. Se pierde la forma de los pechos con el cambio del contorno y de la forma. Los pechos pueden llegar a colgarse, hasta llegar al punto de llegar a la cintura.

Pulmones

Los pulmones tienen un mayor riesgo de contraer infecciones. La tráquea y las vías de respiración aumentan de tamaño, se pierde peso en los pulmones y se hace más gruesa la pared del pecho. Hay mayor riesgo de tener falla respiratoria. Además de todo esto, también se pierde en la electricidad de los pulmones por lo que hay menos flujo máximo de respiración.

Corazón

Introducción

La pared del corazón se hace más gruesa y disminuye el consumo máximo de oxígeno. Aumenta el ritmo cardiaco y la presión arterial sistólica en descanso.

Los vasos sanguíneos pierden su elasticidad y se crean depósitos de grasa en las paredes arteriales.

Esto hace que aumente la presión arterial y se hagan más duras que las arterias, enfermedad conocida como aterosclerosis.

Sistema gastrointestinal

El esófago se hace más delgado y se contrae con menos fuerza ya que su musculatura ya no es la misma. Esto lleva a dificultades para tragar. Por lo tanto, se reduce la capacidad para comer alimentos duros y se tiene que optar por una alimentación semisólida o comer alimentos más suaves.

Hay afectaciones en la movilidad intestinal. Esto lleva a problemas digestivos, estreñimiento, infecciones, distensión gaseosa, generación de gases, dolor estomacal y se reducen las secreciones gástricas. Esto puede llevar a problemas de absorción de nutrientes que se traducen en debilidad y cansancio en la persona.

Huesos

Lo más evidente es la pérdida de altura debido a la compresión de la columna vertebral. Las personas tienden a inclinarse, se puede desarrollar osteoporosis, osteoartritis, artritis, fracturas y desgarramiento de ligamentos. También puede llegar a desarrollarse sarcopenia, es decir, la pérdida de masa muscular y disminución de fuerza en los músculos.

Esto tiene como consecuencias inevitables las fracturas, fragilidad, una menor calidad de vida, menos independencia y osteopenia. Todo esto se puede evitar con una buena alimentación y ejercicio.

Riñones y tracto urinario

Los riñones se hacen más pequeños conforme crecemos. Por eso, los riñones se vuelven menos eficientes a la hora de remover los desechos del flujo sanguíneo, lo cual puede llevar enfermedades crónicas, diabetes e hipertensión.

Existe una mayor probabilidad de desarrollar infecciones, adelgazamiento de la uretra y dificultades para orinar.

También disminuye el flujo renal sanguíneo.

Cambios hormonales

La deficiencia de estrógeno lleva a la fragilidad de los huesos, a una vagina atrófica, resequedad en la vagina, comezón en la vagina, se detiene la ovulación y la menstruación. Por eso, en la menopausia llegan a ocurrir cambios de humor, depresión e irritabilidad, aumento de peso, aumento de ritmo cardiaco, fatiga, debilidad muscular, periodos irregulares, bochornos, debilidad en los pechos, libido, insomnio y problemas en la piel.

En los hombres disminuye el tamaño y la firmeza de los testículos y puede llegar a ocurrir fibrosis en el pene, ya que la elección es puramente un fenómeno vascular. Hay más y más frecuente orina, debido a que es un problema ocasionado por la pérdida de masa muscular.

Cerebro y sistema nervioso

Las enfermedades son muchas. Puede ocurrir la enfermedad de Alzheimer, Parkinson, enfermedades degenerativas, enfermedades neurológicas debido a la pérdida de masa cerebral, se reduce la capacidad de memoria, hay menor coordinación, los reflejos son más lentos, los movimientos son más lentos, el pensamiento o eres más lento, hay cambios en el ciclo de sueño porque se requiere más tiempo para quedarse dormido, disminuyen las horas de sueño y es mucho más fácil olvidar las cosas.

Peso

Hay un aumento gradual de peso y en los años posteriores en mayor medida muscular.

Sistema inmune

Es mucho más común desarrollar enfermedades como el cáncer y las vacunas son mucho menos eficientes.

Muchas de estas enfermedades ocurren con la edad debido a un estilo de vida sedentario, a los cambios de conducta, a la mala alimentación y a estar en un medio ambiente contaminado. Todo esto se puede modificar fácilmente. Se pueden hacer varias cosas para contrarrestar los efectos del envejecimiento para ayudar a mantener el espíritu joven y una vida independiente.

¿Estás listo para encontrar los secretos de una vida larga, saludable y feliz? ¿Estás preparado para sentirte con más energía de lo que habías estado en años? Algunos consejos de este libro te pueden parecer muy atractivos por su eficiencia que rápidamente los vas a integrar en tu vida diaria y nunca dejarás de mejorar el bienestar de tu familia y el tuyo.

1

Principios nutricionales básicos

La comida es uno de los factores más importantes que llega a influenciar a nuestra salud y longevidad en general. La comida es el combustible que mantiene funcionando a nuestros cuerpos y, de forma similar a los autos, una baja cantidad de combustible puede dañar la maquinaría bastante rápido. Aprender y seguir los principios de la nutrición le permitirá a tu cuerpo funcionar como una maquinaria bien cuidada sin importar cuánto tiempo haya pasado. Cuando cuidas bien de tu alimentación, garantizas que tu cuerpo esté recibiendo todos los nutrientes que necesita, cuidando también procurarle cosas de calidad y nada en exceso. Un auto no funciona igual con aceite de mala calidad que con uno de buena calidad. así como tampoco se le pone gasolina en exceso, ya que cualquiera de estas cosas puede dañar la maquinaria y su funcionamiento adecuado.

. . .

Existen muchos datos científicos que respaldan la importancia de una buena alimentación. Por ejemplo, un estudio midió los niveles de vitamina C en el flujo sanguíneo de sus sujetos de prueba para determinar si los hábitos alimenticios saludables influencian los riesgos de mortalidad. Los científicos consideraron que la vitamina C era un buen indicio del consumo de vegetales, los cuales son una parte muy importante de una dieta saludable.

Por lo tanto, un alto nivel de vitamina C en la sangre es una prueba de los hábitos de alimentación saludable. Este estudio descubrió que los riesgos de mortandad de las personas con altos niveles de vitamina C eran iguales a los de personas catorce años más jóvenes.

Luego están las teorías del envejecimiento genético y mitocondrial. La primera teoría alega que el daño celular por la pérdida gradual de las funciones de la mitocondria causa envejecimiento. Encontramos estos orgánulos en nuestras células, sirviendo como generadores que mantienen nuestras células vivas y funcionales. Naturalmente, si la mitocondria está comprometida, la célula también sufre. La lenta degradación de la célula se conoce científicamente como oxidación.

Para ponerlo en perspectiva, imagina una manzana que ha sido cortada y que se ha dejado fuera del refrigerador.

Después de un tiempo, se vuelve café y se echa a perder.

Eso es oxidación. Lo mismo sucede en nuestros cuerpos por la acción de varicela sustancias, así como el simple paso del tiempo o envejecer. Por ejemplo, los radicales libres son moléculas que contienen oxígeno que vienen de fuentes externas como químicos y contaminantes que dañan las células, las proteínas y los lípidos. Sin embargo, también hay sustancias con propiedades antioxidantes que hacen más lento este proceso, lo que ayuda a nuestras células a mantenerse fuertes y vigorosas por periodos de tiempo más largos. Vas a encontrar antioxidantes en alimentos como los vegetales, frutas, hierbas y especias, las bases para una dieta saludable, mientras que se encuentran muy pocas sustancias antioxidantes en productos de origen animal.

. . .

La teoría genética del envejecimiento es más compleja, pero vamos a intentar explicarla. Nuestro ADN está hecho de una cadena de cromosomas que tienen pequeños recubrimientos en sus puntas llamados telómeros.

Los telómeros se vuelven más y más pequeños cada vez que nuestras células se dividen, comenzando en el día en el que nacemos y terminando en el día de nuestra muerte.

Se supone que la longitud de nuestros telómeros funciona como un reloj biológico que nos dice cuánto tiempo nos queda para nuestra última división celular. Una vez más, de acuerdo con descubrimientos recientes, una dieta rica en alimentos antioxidantes, granos integrales, vitaminas y minerales se asocia con telómeros más largos, mientras que el consumo frecuente de carnes procesadas y alimentos grasosos se relaciona con telómeros más pequeños.

Nuestra alimentación ha cambiado con el paso del tiempo. Nuestros ancestros siempre cocinaban y comían en casa comida casera. La comida casera estaba hecha de alimentos frescos y no contenía nada de alimentos fritos o edulcorantes. La comida dulce y frita estaba reservada para eventos especiales y festivales. Muchos de nosotros todavía conocemos las recetas de nuestras abuelas, pero ya no existen los ingredientes y los procesos que ellas utilizaban. Imagina cocinar tres comidas al día sino un refrigerador. La frescura de la comida estaba garantizada, pero era mucho trabajo. Aún así, comer frutas y verduras de temporada no era un lujo, sino que era una necesidad porque era lo que había disponible.

Esta dependencia en la comida también mantenía vida y la conexión primordial con los elementos y hacía que fuéramos conscientes del calor, el frío, la lluvia y los tiempos secos.

A lo largo de las generaciones se nos ha enseñado a obedecer a nuestros Padres y a imitarlos. Pero la modernidad nos ha hecho ignorar nuestros alrededores naturales. La tecnología ha hecho que todo esté disponible en cualquier momento y en cualquier lugar. Ahora tenemos disponibles frutas y verduras de otras tierras que quizás no son las más adecuadas para nuestra tierra y para nuestros cuerpos.

Ahora que hemos visto la ciencia que respalda la conexión entre la nutrición y la longevidad, vamos a explicar los principios básicos de la nutrición y a aprender las técnicas apropiadas para establecer hábitos de alimentación saludable.

Raciones alimenticias y nociones de nutrición básica

Una parte crucial de mejorar la forma en la que comes es comprender cuánta comida necesitas para sentirte feliz y satisfecho.

Todos somos individuos únicos con necesidades dietéticas específicas que varían de acuerdo con nuestra edad, sexo y estilo de vida. Ya que las etiquetas de los alimentos pueden ser difíciles de comprender y es difícil llevar un registro de cuántas calorías consumimos, es muy fácil perder el control de nuestra hambre y caer en hábitos alimenticios no saludables. Por lo tanto, vamos a explicar lo más básico de las porciones, de la lectura de etiquetas y los lineamientos generales de una dieta. Luego vamos a explicar unos cuantos consejos prácticos sobre cómo manejar el hambre de forma saludable.

Para empezar, primero debes comprender la diferencia entre ración y porción. Una ración se refiere a la cantidad de alimento que comemos de un platillo o de un paquete.

. . .

Una porción es la cantidad de comida anotada en la etiqueta del producto y que podemos medir en gramos, tazas, rebanadas, libras, etc. dependiendo del producto.

Este tamaño de porción presentado en la etiqueta suele ser la cantidad que se recomienda consumir por ocasión.

Dependiendo de tus necesidades alimenticias, el tamaño de una porción puede uno representar tu ración recomendada. También, debido a que la cantidad de calorías en la etiqueta del alimento se calculan para el tamaño específico de la porción, necesitas estar atento a cuantas porciones consumes para llevar un registro de las calorías que terminas consumiendo. Por ejemplo, el tamaño de una porción para un bote de helado puede ser 2/3 de taza, con 240 calorías por porción. No obstante, si tu ración por elección es 1 1/3 tazas, entonces estás consumiendo 480 calorías.

Debes decidir cuál es la ración perfecta de acuerdo a tu edad, sexo, peso, nivel de actividad y metabolismo. Tu consumo diario de calorías también debe variar dependiendo de si quieres ganar, perder o mantener tu peso actual. Según los lineamientos alimenticios, los estimados basados en los requerimientos de energía y de otros factores son los siguientes:

- Hombres (36-40 años): 2,400 calorías por día si son sedentarios; 2,600 calorías por día si son moderadamente activos y 2,800 calorías por día si son activos.
- Mujeres (36-40 años): 1,800 calorías por día si son sedentarias; 2,000 calorías por día si son moderadamente activas y 2,200 calorías por día si son activas.

Estos valores se mantienen constantes para los hombres hasta que llegan a la edad de 61 años, luego el mínimo baja hasta 2,000 calorías por día con un máximo de 2,600 calorías por día. El máximo vuelve a bajar hasta las 2,400 calorías para los hombres mayores a 76 años.

Para las mujeres mayores a 51 años, la mínima cantidad de consumo calórico baja a 1,600 calorías, y para 60 años en adelante, el máximo también baja hasta 2,000. Este estimado se mantiene igual para las mujeres mayores a 76 años. No olvides que estos valores solamente son estimados y que necesitas adaptar tu consumo de calorías de acuerdo a tus necesidades alimenticias particulares. Para esto, puedes consultar a un nutriólogo o consultar los planificadores de peso que ofrecen los distintos programas institucionales del gobierno para comprender cuánta comida necesitas diariamente.

En segundo lugar, necesitas poner mucha atención a las etiquetas de los alimentos porque contienen información importante sobre la comida que quieres comer. Las etiquetas te permiten saber los componentes que se incluyen en una porción, desde las grasas hasta los carbohidratos, sodio y proteínas. Como ya hemos mencionado antes, es difícil comprender a partir de una etiqueta lo que es bueno y lo que es malo para ti, lo que hace muy difícil para el consumidor elegir un producto saludable.

No obstante, puedes mejorar tu dieta al seguir algunas reglas sencillas cuando revises las etiquetas alimenticias:

- Evita los productos con muchas grasas saturadas y grasas trans: estas grasas poco saludables se encuentran en el queso, mantequilla y carnes rojas. Se les asocia con el aumento de peso y las enfermedades cardiacas.
- Ten cuidado con las azúcares añadidas: estas son azúcares diferentes (jarabe de maíz, jarabe de malta, miel, azúcar de mesa, fructosa, edulcorantes artificiales, etc.) que han sido añadidas a los productos alimenticios.

Productos con muchas azúcares añadidas tienen demasiadas calorías y no cumplen con las necesidades nutricionales.
- Estar atento con el sodio: una dieta con demasiadas sales puede llevar a una presión sanguínea elevada y a enfermedades cardiovasculares.
- Dar prioridad a los nutrientes como fibras dietéticas, potasio, vitamina D, calcio y hierro: estos entran dentro de la categoría de nutrientes que hacen falta, ya que promueven el colesterol bueno y niveles saludables de glucosa en la sangre, además de que reducen los riesgos de desarrollar deficiencias y enfermedades circulatorias.
- Estar consciente del porcentaje del valor diario (%VD): este valor te ayuda a saber si una porción de comida es alta o baja en un nutriente específico. Puedes calcular este porcentaje para una porción de comida para saber cuánto contribuye a tus necesidades alimenticias esa porción. Un 5% VD es bajo, mientras que un 20% VD es alto. Quieres elegir alimentos con un alto %VD para las fibras dietéticas y los otros nutrientes mencionados en el cuarto punto, y quieres un %VD bajo para las azúcares añadidas, grasas saturadas y sodio. Las proteínas, las

grasas trans y las azúcares totales no tienen %VD.

Además de poner más atención a las etiquetas de los alimentos, necesitas saber algunas cosas básicas de los lineamientos alimenticios. Una dieta saludable consiste en:

- Una buena variedad de vegetales como aquellos que contienen almidón (maíz, zanahorias, papas, calabaza, camote, calabacita amarilla), legumbres (frijoles, lentejas, alubias, garbanzos) y hojas verdes (kale, espinaca, col, arúgula).
- Muchas frutas, concentrándose en las frutas enteras como las manzanas, plátanos, albaricoque, mora azul, cereza, arándanos, piña y ciruela.
- Una gran variedad de proteínas de carnes magras, huevos, legumbres, mariscos, nueces, semillas y productos de soya.
- Productos bajos en lactosa o incluso libres de lactosa, incluyendo yogurt, queso y leche.
- Grasas saludables del aguacate, pescados grasos (salmón, arenque, caballa), nueces y aceite de oliva.
- De forma similar, para tener una dieta saludable, debes evitar alimentos procesados

(pizza, refrescos, papas fritas, nuggets, dulces, pastas), productos con demasiadas grasas saturadas y grasas trans (mantequilla, carnes grasosas, aceites tropicales, en especial el aceite de palma y el aceite de coco) y cualquier alimento que contenga azúcares añadidas.

Por último, algunas formas excelentes para lidiar con el hambre sin comer de más o pasar hambre son:

- Siempre intenta que la mitad de tu plato sean vegetales sin almidón: son bajos en calorías, pero tienen una gran cantidad de fibra y agua que te da la sensación de estar satisfecho.
- Cuando comas algo, intenta seguir las indicaciones de los tamaños de porción al poner la comida en un plato en vez de agarrarlo directo del contenedor.
- Incluye proteínas magras (pollo, pescado, lácteos) y proteínas basadas en plantas (frijoles, mantequilla de frutos secos) en tus comidas y aperitivos: llenan más que los carbohidratos o las grasas.
- Utiliza platos, cucharas, tenedores y vasos más pequeños para ayudarte a medir tus raciones.
- Evita comer cuando estés realizando otra actividad como ver la televisión o manejar: si

estás distraído es más probable que comas de más.

- No comas rápidamente: es mejor tomarte tu tiempo para masticar un poco más lento, disfrutar la comida y darle a tu cerebro el tiempo para percibir cómo se satisface tu hambre.
- Disfrutar bocadillos saludables como fruta o vegetales con un poco de mantequilla de maní para sabor adicional.
- Incluye fibras solubles como semillas de chía, avena, semillas de linaza, frijoles y peras en tu dieta, ya que ayudan a acabar con el hambre y mantenerte con una sensación de satisfacción y felicidad.

Con esas bases cubiertas, ahora vamos a hablar de prácticas alimenticias específicas, concentrándonos en sus componentes y ventajas para la salud en general.

Alimentos alcalinos y ácidos

Para comprender el concepto de alcalinidad y acidez, primero debemos hablar del pH. El pH de una cosa te dice si la sustancia es ácido, neutral o base. La escala de pH va desde el 0 hasta el 14, con el valor del medio, 7, marcando lo neutral. Los valores debajo del siete son ácidos y los valores sobre el siete son bases o alcalinos. Por ejemplo, el ácido gástrico que se encuentra en nuestro estómago tiene un pH de 3.5, lo cual nos permite digerir los alimentos que comemos. Nuestra sangre tiene un pH de 7.35 - 7.45, lo cual está un poco del lado de lo alcalino.

Así como diferentes partes de nuestro cuerpo tienen un pH diferente, los diferentes alimentos se pueden clasificar como ácidos o alcalinos. Si comes alimentos demasiado ácidos, tendrás más acidez en tu cuerpo, mientras que una dieta principalmente alcalina promueve la buena salud, según se dice. La razón por la cual lo alcalino es lo más óptimo para la nutrición se vuelve evidente una vez que vemos la clasificación basada en el pH de las comidas.

Los alimentos demasiado ácidos incluyen los pescados, algunos productos lácteos, carnes (en especial las procesadas como las carnes frías y la carne enlatada), granos, huevos, azúcar, refrescos y bebidas concentradas, alimentos procesados en general, alcohol y alimentos con mucha proteína. Algunas frutas que tienen demasiado contenido ácido son los limones, lima, uvas, mora azul, piña, durazno y naranja. Algo que se debe tomar en cuenta en esto o es que, a pesar de que estas frutas son ácidas, si no tienes problemas gastrointestinales como reflujo o una úlcera (la cual es producida por demasiada acidez en los jugos gástricos), sean alimentos saludables que se pueden comer diariamente. Es extraño, pero, aunque al inicio son ácidos, su efecto en el cuerpo es alcalinizante.

Los alimentos que son muy alcalinos son principalmente vegetales, legumbres (frijoles y lentejas), frutas, hierbas y especias, grasas buenas, y granos integrales, tés herbales y nueces, los cuales son básicamente los grupos alimenticios elementales para una dieta saludable. El consenso científico es que una dieta alcalina es favorable porque promueve el consumo de alimentos integrales y no procesados, además de que restringe el consumo de comida chatarra.

Se especula que una alimentación demasiado ácida se relaciona con la osteoporosis, cáncer y un estado general de poca salud o salud vulnerable, aunque esto todavía se debe comprobar por métodos científicos. Lo mismo sucede para las especulaciones que dicen que una dieta alcalina puede curar problemas de salud y prevenir enfermedades.

. . .

Lo importante aquí es comprender que no hay que renunciar a todos los alimentos ácidos, sino que hay que implementar lineamientos de nutrición básica como restringir el consumo de alimentos procesados e incluir frutas y verduras en las comidas diarias. Pero si tienes problemas de acidez, entonces es probable que valga la pena una alimentación alcalina.

Proteína animal vs. proteína vegetal

La proteína es un nutriente esencial que no deberías ignorar para lograr tener una dieta saludable. Lo que hace que sea tan importante es que está hecha de aminoácidos. De los 22 aminoácidos que el cuerpo humano necesita para funcionar apropiadamente, nuestros cuerpos no pueden producir nueve de ellos. A esto lo llamamos aminoácidos esenciales y sólo podemos obtenerlos de los alimentos ricos en proteínas que comemos. Aun así, si no eres un fisicoculturista un atleta profesional, el consejo más popular es mantener tu consumo de proteínas algo reducido. La referencia dietética para el consumo diario de proteína es de un minúsculo 0.8 gramos por kilogramo de peso corporal. Para poner esa perspectiva, una mujer excedentaria que pesa alrededor de 60 kg debe comer alrededor de 53 gramos de proteínas en un día, sólo para cumplir con la cantidad mínima requerida para tener una salud óptima. Pero eso no contesta la pregunta de cuánta proteína debemos consumir y de dónde podemos sacarla.

Durante un congreso, más de 40 científicos nutricionales analizaron el problema de las proteínas y concluyeron que la población de occidente no consume suficientes proteínas. La población debería consumir el doble de lo recomendado por los requerimientos de alimentación.

Alrededor del 15-25% (dependiendo de la edad, sexo, peso y demás) de las calorías diarias deberían provenir de las proteínas con un enfoque en la alimentación saludable, alimentos ricos en proteínas. Así que eso explica el "cómo", pero todavía debemos averiguar el "dónde".

Cuando se trata de la fuente, encontramos proteínas tanto en alimentos de origen animal como en alimentos de origen vegetal. Vamos a hablar de ambos tipos de proteínas.

Consideramos que la comida es una fuente completa de proteína si contiene todos los nueve aminoácidos esenciales que el humano no puede producir. Desde este punto de vista, podemos decir que la proteína animal tiene ventaja. Alimentos como el pescado, productos lácteos (leche y queso), huevos, carne roja (de vaca y de venado) y carne de ave (octavo y pollo) son fuentes completas de proteína, mientras que la mayoría de las proteínas basadas en alimentos de origen vegetal carecen de en al menos uno de esos nueve aminoácidos esenciales.

Podemos considerar pocos alimentos de origen vegetal como el alforfón, la soya y la quinoa como fuentes completas de proteína. Por lo tanto, los veganos y los vegetarianos deben tener mucho cuidado con su consumo de proteínas para asegurarse de no desarrollar ninguna deficiencia de aminoácidos. Hay pruebas científicas que demuestran que los alimentos de origen vegetal que son fuentes de proteínas completas no se comparan con sus contrapartes animales, ya que se encuentran los aminoácidos esenciales en muy pequeñas cantidades.

Otro argumento para la superioridad de las fuentes de proteína animal es que también tienen otros nutrientes importantes que no se encuentran en los alimentos de origen vegetal, como la vitamina B12, vitamina D, hierro y zinc.

. . .

Sin embargo, las proteínas de origen animal tienen sus beneficios. Tardan más en digerir, lo que nos hace sentir satisfechos durante más tiempo, y tienen fibras que mantienen nuestro sistema digestivo fuerte y saludable. El mismo argumento que hemos utilizado antes respecto al alto contenido de otros nutrientes en las proteínas animales puede respaldar la importancia de ciertas proteínas de origen vegetal. Por ejemplo, la vitamina C, la inulina, pectina y lignanos (todos son tipos de fibras) se encuentran únicamente en los vegetales. Por lo tanto, deberíamos considerar proteínas de origen animal como una parte importante de nuestra alimentación. Los alimentos ricos en proteínas de origen vegetal son las nueces, lentejas, granos, legumbres, arroz, soya y algunas frutas (aguacate).

El argumento de proteína animal vs. proteína vegetal no debería tener un ganador.

Al final del día, las proteínas deberían tratarse más de la calidad que de la cantidad, además de que es importante considerar todo el contenido nutricional que viene con cada fuente de proteínas. Las proteínas vienen con vitaminas, minerales, fibras, carbohidratos y grasas. Por lo tanto, elige la fuente de proteínas rica en nutrientes y baja en grasas saturadas y carbohidratos procesados.

. . .

Aumentar tu consumo de carne no es una solución que arregla todo para obtener las proteínas diarias. Más bien, puedes mezclar carnes magras y productos animales con vegetales, legumbres, granos y nueces para asegurar que tus comidas estén repletas de todas las cosas esenciales que nuestros cuerpos necesitan para funcionar y prosperar.

Macro y micronutrientes

Cuando un niño nace, la madre alimenta al niño con leche materna y otras vitaminas y minerales que son apropiadas para el crecimiento y el desarrollo. La Madre le otorga todo el cuidado y el cariño que le es posible y procura que esté bien alimentado todo el tiempo. Ese niño estaba bien, tenía todo los macro y micronutrientes que necesitaba. Conforme crece en los tiempos modernos, no se puede decir lo mismo.

Los macronutrientes son esos nutrientes que el cuerpo necesita en grandes cantidades. Éstos le proporcionan al cuerpo la energía necesaria para funcionar. Los micronutrientes son los elementos esenciales requeridos en diferentes cantidades a lo largo de la vida para proporcionar una gran cantidad de funciones fisiológicas para mantener la salud. Los micronutrientes aportan una variedad de funciones biológicas muy importantes, incluyendo el crecimiento, el funcionamiento del sistema inmune y el funcionamiento de los ojos, así como el desarrollo del cerebro durante la etapa fetal, del sistema nervioso y del sistema esquelético.

Una deficiencia de micronutrientes es una forma de malnutrición y se reconoce como problemas de salud en muchos países en desarrollo. En todo el mundo, hay más de dos millones de personas que viven con deficiencia de vitaminas y minerales. Según la organización mundial de la salud, algunas medicinas esenciales que son micronutrientes necesarios son el hierro, zinc y vitamina A.

Tienes que reducir el consumo de alimentos picantes, comidas con muchas grasas, jugos artificiales, alcohol, bebidas carbonatadas, comida rápida, panes y masas horneadas, alimentos con muchas calorías, alimentos con demasiada azúcar y alimentos con conservadores.

Lo mejor para tu salud es incrementar el consumo de ensaladas, sopas, granos y reducir la cantidad de comida que comes cada vez que te sientas a comer.

· · ·

Los macronutrientes son sustancias químicas muy útiles derivadas de los alimentos que llamamos nutrientes. Los nutrientes incluyen grasas, carbohidratos, proteínas, agua, vitaminas y minerales.

Una dieta balanceada debe consistir en 10% grasas, 25% de proteínas, 25% de celulosa y 40% de frutas y verduras. Por lo tanto, existen tres partes principales de los alimentos que el cuerpo requiere: las grasas, los carbohidratos y las proteínas.

Grasas

Existen dos tipos de grasas, las saturadas y las no saturadas. Las que son malas para la salud son las grasas saturadas y hay que evitarlas. Aun así, el ser humano debe consumir grasas ya que es algo esencial para el cuerpo, por lo que debe consumir grasas que sean saludables. Es muy importante el tipo y la calidad de grasa que se consume. La función de la grasa es fomentar el funcionamiento de nuestra mente.

Los ácidos grasos no esenciales son los que se vuelven grasa corporal, ya que se almacenan como exceso de energía que luego se puede utilizar durante momentos en los que haya hambre. Esta grasa no esencial para el cuerpo también protege y sirve de aislamiento para el cuerpo.

Las grasas que son saludables para el corazón son las no saturadas como los ácidos grasos omega 3, los cuales tienen muchos efectos positivos. Las grasas poliinsaturadas y monoinsaturadas disminuyen el colesterol malo cuando se utiliza en lugar de grasas saturadas. Estas grasas no saturadas también ayudan a incrementar la respuesta sexual al aumentar los niveles de dopamina en el cerebro.

Los alimentos que son ricos en este tipo de grasas son aquellas que contengan ácidos grasos omega 3 y ácido alfa linoleico. Esto se puede encontrar en alimentos como el salmón, el atún, productos de soya, sardinas, nueces y semillas, linaza, chía, nuez de Castilla, aceite de canola y coles de Bruselas.

Por otra parte, existen las grasas poliinsaturadas llamadas ácidos grasos omega 6, de las cuales hay algunas no saludables y otras que sí son saludables.

Las que no debes consumir son la margarina, el aceite de palma, el aceite de girasol, el aceite de miles y el aceite de soya. Lo que sí debes consumir porque contienen omega 6 saludable son el aceite de cacahuate, mantequilla de maní, aceite de oliva, mantequilla o ghee, semillas de cáñamo, semillas de girasol, huevos, carne de ave, almendras, aceite de almendras, tofu y aguacate.

Lo que sucede con muchos de los aceites vegetales es que han sido refinados comercialmente, lo que le quita muchos nutrientes valiosos. Ya no contienen vitamina E ni lecitina, por lo que son mucho menos nutritivos.

Los aceites hidrogenados son extremadamente malos por su proceso de hidrogenación porque se transforman en ácidos grasos trans. Estos se encuentran presentes en muchos alimentos como el pan, cereales, pasteles, galletas y masas pre hechas. Todos estos pierden la vitamina a durante su proceso de hidrogenación.

Por otra parte, se debe tener mucho cuidado con el tipo de aceite que se consume porque en la mayoría de las plantas de dónde proviene este aceite son rociados con pesticidas. Por lo que hay que procurar que los aceites que consumamos sean libres de pesticidas, de lo contrario serían tóxicos para nuestra salud.

Hemos mencionado la margarina porque es un aceite hidrogenado. El proceso crea grasas trans que tienen una naturaleza muy destructiva en nuestro cuerpo. Invaden el metabolismo y no permiten la producción de prostaglandinas. Los ácidos grasos se transforman en prostaglandinas en cualquier momento de la vida. Al ingerir ácidos grasos esenciales saludables se producen buenas prostaglandinas. Estas hormonas se crean en el lugar donde hay lesiones y ayudan al proceso de curación, cuando los coágulos sanguíneos ya no son necesarios y la herida comienza a sanar. Otro tipo de prostaglandinas estimulan los cambios que permiten que los coágulos se deshagan y que se relajen los vasos sanguíneos. En las mujeres, las prostaglandinas ayudan a la regulación del sistema reproductivo, controlan la ovulación y son las que desencadenan el parto. También tienen efectos antiinflamatorios y para suprimir el sistema inmune.

Ayuno intermitente y prolongado

El ayuno intermitente es un término elegante que se le atribuye a un programa de alimentación diferente que incluye periodos breves de ayuno. El propósito del ayuno intermitente y a largo plazo es mejorar la salud en general y mantener joven al organismo.

. . .

Aunque es difícil precisar cuánto han ganado de popularidad estos programas de alimentación, no es muy exagerado decir que Yoshinori Ohsumi, un científico japonés, ha jugado un papel muy importante para hacer que esta práctica sea popular. En 2016, Yoshinori ganó el premio Nobel en medicina y fisiología por su estudio de la autofagia en la levadura. La autofagia se traduce en más o menos a "auto comerse", y es un proceso en el cual las células comen parte de sí mismas que ya no son útiles para utilizarlas en el proceso de renovación. En términos simples, partes muertas de la célula que son recicladas para crear nuevas partes.

Al estudiar la autofagia en la levadura, un organismo simple, Yoshinori identificó los genes que la hicieron surgir, lo que llevó al descubrimiento de que estos genes también están presentes en los humanos. En los humanos, la autofagia se encuentra en el proceso celular de combatir infecciones o en el desecho de sustancias dañinas. La autofagia termina responsable de la renovación de las células, haciendo que el cuerpo se mantenga joven por más tiempo y haciendo más lento el proceso de envejecimiento. Aquí es donde entra en juego el ayuno. Cuando te abstienes de comer por un tiempo, tus niveles de azúcar bajan, lo que hace que tu cuerpo entre en modo de supervivencia, protegiéndose asimismo al utilizar la autofagia para obtener nutrientes del interior del cuerpo.

. . .

Un experimento en moscas de la fruta demostró que un ayuno intermitente a temprana edad (alimentado dos días con ayuno de cinco días) aumentó su duración de vida y llevó a efectos beneficiosos a largo plazo, como una mejor salud en los intestinos y la reducción de las enfermedades relacionadas con la edad. Un estudio en sujetos humanos probó con diferentes tipos de ayuno a corto plazo, de un día completo de ayuno hasta ayuno en días impares, y alimentación restringida. Las conclusiones fueron que los ayunos breves (de 18 a 24 horas) promueven la pérdida de peso por medio de la oxidación de las grasas, aumentando los ritmos metabólicos y reduciendo el colesterol total.

Aunque no hay una duración estándar para el ayuno, la autofagia comienza 12 horas después de la última comida, así que ahí está la marca en la que en realidad comienza el ayuno. Pero también deberías saber que el ayuno por varios días (en especial comenzando a partir de los tres días en adelante) puede llevar a problemas graves de salud. El ayuno tampoco he recomendado si intentas quedar embarazada o estás embarazada, si tienes condiciones médicas, si tienes historial de trastornos alimenticios o si tienes algún evento estresante en los próximos días (relacionados con la escuela o el trabajo).

. . .

Siempre debes consultar a un profesional de la salud antes de comprometerte con cualquier programa de alimentación restrictiva y elegir una forma de ayuno que sea beneficiosa para ti sin perjudicar tu salud.

Nutrición separada

La nutrición separada se refiere a una dieta en la cual uno debe seguir reglas específicas de combinación de comidas para promover la digestión y la absorción de nutrientes.

Las reglas están concentradas en separar a ciertas categorías alimenticias, establecer los tipos de alimentos que siempre deben mezclarse y algunos lineamientos respecto a cómo comer apropiadamente para mejorar la función digestiva. Vamos a comenzar con las categorías de alimentos que nunca deben ser combinados o consumidos a las pocas horas de haber consumido uno de ellos. Aquí podemos incluir almidones y azúcares, almidones y proteínas, y proteínas y azúcares.

. . .

Los almidones se refieren a alimentos como los granos, legumbres, frijoles, chícharos, papas, maíz, zanahorias, calabaza y arroz.

Las azúcares se encuentran naturalmente en las frutas, pero ten en cuenta que también están presentes en la mayoría de los alimentos demasiado procesados para preservar sus propiedades. De acuerdo con las reglas de la nutrición separada, la combinación de los almidones y las azúcares promueve la fermentación, lo cual es la principal causa de la inflamación y los gases. El proceso de fermentación también produce acetaldehído, un químico que es tóxico para el hígado y daña nuestro bienestar general.

De forma similar, una dieta rica en combinaciones de almidón y azúcar se dice que crea un entorno beneficioso para los hongos y las bacterias, microorganismos a los que les gusta alimentarse de estos nutrientes, llevando a infecciones bacterianas o con hongos, como la candidiasis, eczema y psoriasis.

Los alimentos ricos en proteína incluyen carnes (de pollo y de res), lácteos, huevos, pescado, champiñones, brócoli y aceitunas. El combo de almidones y proteínas no es tan malo como el de almidones y azúcares, pero tampoco es ideal. El cuerpo humano tiene problemas para digerir esta combinación de alimentos, en especial si una persona tiene un metabolismo lento u otros problemas de salud que debilitan el organismo.

Para explicar por qué las mezclas de almidones y proteínas son un reto para el funcionamiento digestivo, vamos a explicarlo con uno de los ejemplos más comunes, es decir, carne y papas. El proceso digestivo ocurre de forma similar a lo siguiente:

1. Las papas, que son principalmente almidón, atraviesan la primera etapa de la digestión en la boca, por medio de la acción de las enzimas en nuestra saliva llamadas amilasa.
2. Los almidones se descomponen en dos compuestos básicos por dos encima diferentes: dextrosa y maltosa. La digestión de los almidones se hace más lenta cuando llega al estómago ya que requiere un entorno mucho más alcalino para seguir descomponiéndose. Pasan poco tiempo en el estómago, moviéndose rápidamente hacia los intestinos, en donde se completa el proceso de digestión.
3. La carne, que principalmente es proteína animal, comienza su digestión en el estómago por medio de la acción de la pepsina, una

enzima que es activada por el ácido gástrico. Las proteínas necesitan pasar unas cuantas horas en este entorno ácido para ser procesadas completamente por el cuerpo humano.
4. Cuando tenemos el conjunto de carne y papas, los almidones terminan pasando mucho tiempo en el entorno ácido que no es beneficioso para la digestión, y las proteínas pasan rápidamente a los intestinos antes de ser descompuestas completamente. Esto resulta en la fermentación y la acumulación de proteína no digerida en el intestino, la cual debe ser expulsada por el cuerpo para proteger la salud digestiva.

Aunque nuestro sistema digestivo es completamente capaz de procesar los almidones y las proteínas de forma separada, la combinación arruina nuestro mecanismo natural, haciendo que sea más difícil para nosotros digerirlo.

Ahora que hemos hablado de estos dos conjuntos con las combinaciones con proteínas y azúcares, las cosas son bastante claras. Tenemos las azúcares que fomentan la fermentación y la producción de gas. Tenemos las proteínas que, si llegan al intestino mientras están parcialmente digeridas, comienzan a pudrirse, lo que lleva a la incomodidad y algunos olores muy desagradables. Si se le llegan a juntar, la conclusión es bastante desafortunada.

Una regla de la nutrición separada es comer dulces como la fruta o cualquier cosa con edulcorantes artificiales de forma separada, lo que previene la combinación de proteínas y almidones.

Mientras que las reglas de la nutrición separada están concentradas principalmente en lo que no debes ser comido en conjunto, no hay unos lineamientos importantes respecto a los grupos alimenticios que funcionan bien con cualquier cosa, excepto las azúcares, las cuales ya hemos establecido que deben comerse por separado.

Ese grupo de comida son los vegetales, en especial los de hoja verde. Alimentos como la espinaca, kale, lechuga, arúgula y las hojas de nabo van bien con cualquier proteína o almidón, estimulando la digestión y llenando nuestros cuerpos de vitaminas y minerales que necesitamos. Esta regla va de la mano con los lineamientos básicos de nutrición que fomentan que las personas reserven la mitad de su plato para los vegetales. Por lo tanto, si no te agradan mucho los principios de la dieta de separación, todavía hay algunos aspectos que puedes implementar y en tus hábitos alimenticios sin tener que comprometerte con las reglas de combinación de alimentos.

Algunos otros lineamientos incluidos en las reglas de la nutrición separada son:

- Comer lentamente y masticar concienzudamente la comida para darle tiempo a tu cuerpo de secretar las enzimas requeridas para la digestión y ayudar a descomponer los alimentos.
- Intenta comer frutas en la mañana y espera al menos 3 horas antes de tener una comida más completa. Y ya que estamos en las frutas, se aconseja comer ciertos tipos de grupos de fruta en conjunto. Existen tres tipos principales de frutas: ácidas, sub ácidas y dulces. Los limones, cerezas, ciruelas y piña son ácidas, las manzanas, duraznos, albaricoque, uvas y mangos son sub ácidas, mientras que los plátanos, las pasas, los dátiles y los higos son dulces. Eso significa que si tienes comes una naranja en el desayuno, puedes agruparla con otras frutas ácidas como las fresas. O si prefieres comer una manzana,

puedes combinarlas con un durazno jugoso o algunas rebanadas de mango. Considera que los grupos de frutas pueden ayudar al proceso de digestión.
- Elige alimentos integrales o crudos cada vez que sea posible porque son más nutritivos y ricos en enzimas que estimulan la digestión.
- No bebas agua durante la comida. Más adelante vamos a hablar del agua y cuándo es el momento ideal para beberla.

Considera que las reglas de nutrición separada sólo son lineamientos y deberías tratarlos como tal. La eficiencia de esta dieta varía, dependiendo de tu tipo de cuerpo, los objetivos y tu estado de bienestar general. Por ejemplo, si tienes un metabolismo lento y quieres perder peso, debes poner mucha atención a las combinaciones de alimentos para ayudarte a bajar unos cuantos kilos y estimular tu digestión. Los lineamientos de la nutrición separada también son beneficiosos para las personas que sufren de inflamación, en gases o estreñimiento debido a que esta dieta es rica en fibras y reduce la fermentación.

Alimentos prohibidos

. . .

Para terminar este capítulo con algo interesante, vamos a hablar de algunos alimentos y categorías alimenticias que debes evitar a toda costa, de acuerdo con los expertos en nutrición y digestión.

- Jugos de frutas y refrescos: la mayoría de los jugos de frutas que se venden tienen una tonelada de azúcares añadidas. Elige los jugos que son 100% fruta o fabrica tu propia de vida de frutas en casa al cortar un poco de fruta fresca y añadirla al agua natural. Los refrescos, incluyendo los de dieta, son igual de malos, con edulcorantes artificiales y químicos añadidos que aumentan los niveles de glucosa y promueven la obesidad. Los tés herbales e incluso el café son mucho mejores para tu salud en general.
- Cereales con mucha azúcar: además de tener muchas azúcares añadidas, los cereales también están hechos de granos procesados, los cuales no son tan nutritivos ni llenan tanto como los granos integrales. Elige cereales con un alto contenido de fibra como los de avena o las hojuelas de salvado.
- Masas pre hechas, cremas, salsas, betún, aderezos y guarniciones: aunque sean tan convenientes a la hora de cocinar, cualquier alimento precocinado está repleto de grasas

trans, conservadores, azúcar refinada y granos procesados (para las masas). Cualquier cosa que esté precocinada nunca será tan saludable como lo que puedes hacer en casa con ingredientes frescos y de alta calidad.

- Comida instantánea: ya sean pastas, arroz de microondas, palomitas, empanadas instantáneas o comida rápida congelada, cualquier producto alimenticio que puedas preparar en un instante es muy probable que no sea beneficioso para ti. La comida instantánea puede tener azúcares añadidas, grandes cantidades de sal y grasas trans, además de otros aditivos que son poco saludables y tienen un bajo contenido de fibra. Recuerda que siempre debes revisar las etiquetas cuando compres comida congelada y debes tener cuidado con cualquier alimento que presuma de lo rápido que se puede preparar.
- El pan blanco, el arroz blanco y otros alimentos hechos con granos demasiado procesados: cualquier cosa que atraviese muchos procesos mecánicos y químicos nunca puede salir ileso. Los granos, por ejemplo, pierden muchas fibras y nutrientes cuando se procesan, lo cual tiene como resultado un producto menos llenador. Algo peor es que

para incrementar su vida útil, la harina blanca y otros productos similares tienen muchos edulcorantes y aditivos, lo cual puede provocar obesidad e incrementar los riesgos de desarrollar diabetes tipo 2. Siempre debes intentar optar por los granos integrales y los productos de granos no procesados.

- Alimentos procesados: aquí podemos incluir el queso (queso crema, mantequilla, margarina), carnes (salami, salchichas, hamburguesas, hot dogs), pastas, galletas, pasteles y la mayoría de la comida rápida (papas fritas, pizza, nuggets, tacos, etc.). Estos suelen ser bajos en nutrientes y tener una gran cantidad de calorías, grasas, sales y azúcares, lo que hace que sean el peor producto que puedas meter a tu cuerpo.
- Productos libres de gluten, bajos en grasas y otros productos dietéticos: debes tener mucho cuidado con estos productos engañosos. Suele ser muy común que estos productos reemplazan la grasa, el gluten o los carbohidratos con otros ingredientes no saludables. Por ejemplo, el helado bajo en grasa o dietético tiene mucha azúcar o sustitutos de azúcar para mantener el sabor. Los dulces bajos en carbohidratos están repletos de aditivos que van a ocasionar problemas en tu sistema digestivo. Y los

productos libres de gluten esconden muchas azúcares y granos refinados detrás de su fachada "saludable". Siempre debes poner mucha atención y revisar la etiqueta antes de caer en la trampa de una de estas alternativas "saludable".

- Bebidas con café: beber café natural tiene muchos beneficios saludables, ya que es un antioxidante natural y ayuda a tener un sistema cardiovascular más saludable. Sin embargo, las bebidas comerciales de café tienen saborizantes, azúcares, aditivos y jarabes que hacen que sea igual de malo que el refresco. Beber el café solo, negro o preparar café casero te permite disfrutar de la bebida sin que llegues a consumir sustancias no saludables.
- Frutas (especialmente fresas) y verduras no orgánicas: la razón es bastante sencilla, contienen pesticidas. Estas sustancias que están hechas para proteger las frutas y verduras de plagas son bastante dañinas para los humanos, ya que provocan disfunciones en el sistema endocrino. Si los productos orgánicos son demasiado caros para tu presupuesto, intenta limpiar las frutas y verduras con bicarbonato de sodio una solución de agua con vinagre para deshacerte

de estos químicos tóxicos. Ten en cuenta que no existe una manera de limpiar los pesticidas que son absorbidos por el producto, pero invertir algo de tiempo en limpiar las frutas y las verduras harán que tengas una alternativa más saludable.

Cambiar la manera en la que comes tendrá un efecto inmediato y evidente en tu bienestar y en tu salud en general, por lo que entre antes comiences a tomar mejores decisiones nutricionales, más pronto comenzarás a cosechar los beneficios. Comienza hoy a dar los primeros pasos hacia una vida más larga al poner mucha atención a lo que comes y cuánto comes.

2

¿Cuánta agua debes tomar para mejorar la función cerebral y los niveles de energía?

El agua es definitivamente una característica de la salud del cuerpo. Las células deshidratadas trabajan con menos eficiencia, por lo que el corazón, el cerebro, los pulmones, el hígado y otros órganos no son capaces de funcionar correctamente si no están hidratados.

El agua es una parte fundamental de nuestras vidas. Por ejemplo, nuestros cuerpos son aproximadamente 60% agua, Y estamos en un estado constante de pérdida de agua por medio del sudor y la orina. Sin embargo, lo complicado está en que las células de nuestro cuerpo dependen de esa agua para funcionar correctamente.

. . .

Cuando los niveles de agua son demasiado bajos, lo cual se conoce con el nombre de deshidratación, todas estas células, en especial las células del cerebro, no pueden llevar a cabo las funciones que se supone que deberían realizar, lo que lleva a sentir fatiga, cambios de humor y problemas cognitivos como una mala coordinación motora, un periodo de atención más breve y una menor velocidad a la hora de procesar pensamientos. Claro que para los casos leves de deshidratación sólo vas a experimentar una ligera sensación de sed, boca seca, ir al baño solamente tres o cuatro veces al día y una sensación general de cansancio. No obstante, no debes olvidar que la deshidratación tiene un efecto negativo en la habilidad cognitiva de las personas de todas las edades, pero las mujeres y las personas mayores a 60 años son especialmente vulnerables a los efectos secundarios de la privación del agua.

Incluso si no llegas a considerar los datos científicos, si intentas pasar un día o dos sin beber ni una gota de agua, te darás cuenta de lo importante que es mantener un balance en el consumo de agua. También debes tomar en cuenta que si tienes una dieta con mucha fibra, tendrás que beber más agua.

. . .

Conforme envejecemos, aumenta el riesgo de beber menos agua por una gran cantidad de razones diferentes, por lo que es más probable que nos enfermemos. Deberá agua es algo bueno y no te deja con el cuerpo hinchado. Es mucho mejor disfrutar de un buen vaso de agua que simplemente beberlo de un solo trago.

Aunque definitivamente el agua es la base de toda la vida en la tierra, existen muchas opiniones contradictorias cuando se trata de cuánta agua deberíamos tomar al día y cuando son unos momentos óptimos para disfrutar de un vaso de agua natural. También está la pregunta respecto a otros líquidos, como los jugos naturales, tés, café y qué papel juegan en mantenerse hidratado.

¿Cuánta agua necesitamos?

Científicamente hablando, la cantidad recomendada de agua por día para las mujeres es alrededor de 8 a 11 tazas, y 10 a 15 tazas para los hombres, dependiendo de su estilo de vida y las condiciones de salud de cada individuo. Mientras tanto, el consejo más popular y no oficial es beber alrededor de ocho vasos pequeños (240 ml) de agua al día, además de cualquier otro líquido que quieras ingerir a lo largo del día. La teoría de los ocho vasos de agua, la cual se conoce como la regla 8x8, tiene muchos defectos. Para empezar, no considera que los requisitos de hidratación dependen de la edad, sexo, peso corporal, nivel de actividad y el entorno en el que vive la persona.

Por ejemplo, un atleta suda mucho, así que necesitas recuperar sus niveles de agua mucho más frecuentemente que una persona sedentaria. Lo mismo pasa para una persona que vive en un clima seco y árido. Otro problema es que entrena a la persona para concentrarse en beber una cantidad fija de agua en vez de escuchar las señales de su propio cuerpo.

Sin duda alguna, estás mucho mejor siguiendo la cantidad recomendada según el género que con la dudosa regla de los ocho vasos, pero tampoco es el método ideal para ti. El agua es muy importante porque nos ayuda a regular la temperatura, sirve como transporte para los nutrientes, juega un papel importante en las reacciones bioquímicas de nuestro cuerpo y nos permite deshacernos de sustancias dañinas. Si llegáramos a perder tan sólo el 1% del agua total de nuestro cuerpo, este comenzaría a experimentar los síntomas de la deshidratación.

. . .

Mantener el balance de agua indicado para nuestro cuerpo es muy importante para nuestro bienestar, por lo que no saber cuánta agua necesitas tomar diariamente puede hacer muy difícil lograr esta tarea tan importante.

La buena noticia es que, aunque no sepas qué tan frecuentemente necesitas hidratante, tu cuerpo sí lo sabe. Nuestro cerebro tiene la capacidad para detectar cuando se ha perdido el balance de agua en nuestros cuerpos, por lo que desencadena la sensación de sed para remediar este problema. El cerebro también inicia un plan de respaldo al mandarle una señal a los riñones para conservar fluidos sólo para asegurarse de que el balance de agua se mantenga. Esta preservación hecha por los riñones se puede observar a simple vista por medio de la disminución de la frecuencia con la que orinamos. Así pues, la respuesta sencilla y breve a la pregunta de cuánta agua necesitamos es beber agua cuando sientas sed. Cada vez más y más expertos están comenzando a hacer énfasis en la importancia de escuchar las señales que manda nuestro cuerpo y sólo beber agua cuando sintamos la necesidad natural de hacerlo.

Tres reglas sencillas que se pueden seguir respecto a la hidratación serían:

- Beber agua cuando sientas sed y dejar de beber cuando desaparezca esa sensación.
- Estar pendiente del consumo de agua mientras hagas ejercicio o te encuentres en temperaturas elevadas, necesitas compensar todo el sudor.
- Ser considerado respecto a tu condición de salud. Si estás experimentando episodios de diarrea o vómitos, necesitas beber más agua para restaurar el balance de fluidos. Lo mismo sucede para las mujeres que están lactando.

Debes considerar que nuestro mecanismo natural para detectar la deshidratación se vuelve menos confiable una vez que pasamos de los 60 años de edad. Incluso antes de esta edad puedes llegar a experimentar momentos en los que no bebes agua durante varias horas. Es bastante normal que se te olvide, pero debes poner atención para evitar que esto pase. Recuerda que debes mantenerte hidratado, no importa la edad. Intenta beber de 8 a 15 tazas de agua al día si tu sensación de sed ya no es tan precisa como antes.

¿Se puede beber demasiada agua?

. . .

La respuesta más simple es sí; sí existe algo como beber demasiada agua. Cualquier cosa que se consuma en exceso puede y te va a dañar de alguna manera. Beber más agua de lo que nuestros cuerpos nos dicen que necesitamos puede ser peligroso. El consumo excesivo de fluidos, la sobrehidratación, puede llevar a la disolución de sodio en nuestra sangre porque el organismo intenta arreglar este problema, este cambio en los fluidos ocasiona inflamación en los pulmones y en el cerebro, lo cual puede ser letal.

Es más probable que los atletas se sobrehidraten porque sudan demasiado y lo compensan en exceso con la cantidad de agua que beben. Algo tan sencillo como beber un vaso de agua de más puede llevar rápidamente a una situación que puede ser peligrosa para la salud. Si estás practicando alguna actividad física demasiado intensas, intenta no consumir más agua de la que tu cuerpo te pide y, como medida preventiva, intenta añadir electrolitos en tus bebidas. Estos electrolitos se aseguran de que los niveles de sodio en tu sangre no disminuyan incluso si bebes más agua de la que deberías.

El mejor momento para tomar agua

. . .

Beber agua o cuando tienes que es algo que deberías hacer sin dudar, pero vamos a revisar los momentos ideales para cuando tu cuerpo se puede beneficiar más de la hidratación:

- Justo cuando te levantas de la cama: existen muchas razones por las que tu primera actividad de la mañana debería ser beber agua. Primero que nada, rehidrata el cuerpo después de seis u ocho horas de no haber ingerido líquidos. En segundo lugar, estimula la actividad cerebral lo que nos hace estar más alertas, con más energía y listos para enfrentarnos a los retos de un nuevo día. Por último, pero no menos importante, un poco de agua en la mañana hace que comience a funcionar nuestro metabolismo, lo que prepara al cuerpo para procesar el nutritivo desayuno.
- 30 minutos antes de los alimentos: beber agua antes de comer puede estimular la digestión y reducir el hambre, lo cual puede ser bastante útil para las personas que intentan perder algo de peso. Pero no intentes beber agua justo antes de comer, durante o después de la comida, ya que eso lleva a la dilución de los jugos gástricos, lo que afecta el proceso de digestión. Hidrata

hace justo después o durante las comidas acelera la digestión, lo que significa que tu cuerpo no tiene tiempo para absorber todos los nutrientes de la comida. Beber agua después de la comida puede causar hinchazón y te hará sentir más hambre más rápido de lo que deberías. Es mejor mantener un lapso adecuado de 30 minutos antes y después de la comida para asegurarte de que no estás haciendo accidentalmente más difícil el proceso de digestión para tu cuerpo.

- Antes de tomar un baño: un vaso de agua antes de entrar a una tina de agua caliente puede reducir tu presión sanguínea, lo cual es beneficioso para tu salud. El proceso es bastante fácil de explicar. El agua que ingieres entibia tu cuerpo desde el interior hacia afuera, lo que hace que tus vasos sanguíneos se expandan y que los niveles de sodio disminuyan. Cuando se dilatan los vasos sanguíneos, la presión de la sangre que pasa a través de ellos se reduce. Al mismo tiempo, los altos niveles de sodio equivalen a una presión sanguínea elevada, así que la reducción de este mineral va a disminuir la presión de la circulación sanguínea. Por lo tanto, los efectos del consumo de líquidos combinados con la

calidez del baño o de la ducha ciertamente ayudan a reducir la presión de la sangre.
- Antes de ir a dormir: esto es para preparar a tu cuerpo para un periodo en el cual no va a obtener ningún líquido, además de que se asegura de que te mantengas hidratado todo el tiempo posible mientras disfrutas de una buena noche de descanso.

¿Otros líquidos o alimentos te pueden mantener hidratado?

Claro que sí. El agua no es lo único que sirve para la hidratación; los tés herbales, el café, los jugos naturales, la leche y los alimentos ricos en agua pueden ayudar a mantenerte hidratado y mantener tu balance de líquidos.

El mito de que el café y los tés con cafeína no son adecuados para la hidratación debido a que la cafeína tiene propiedades diuréticas (que fomentan la orina frecuente) es solamente eso, un mito. El efecto es bastante débil y no debería afectar las propiedades de hidratación de estas bebidas.

. . .

Sin embargo, no deberías intercambiar el agua por el café en este gran esquema de las cosas. Un consumo excesivo de cafeína se relaciona con la ansiedad, palpitaciones cardiacas, dolores de cabeza, problemas gastrointestinales y una presión arterial elevada. Para evitar experimentar estos efectos secundarios, no te vas más de 2 ½ tazas de café y algo de bebidas con cafeína al día. No existe una recomendación de consumo para los tés herbales; siempre y cuando no le añadas edulcorantes, estas bebidas son saludables.

Algunos alimentos nutritivos y ricos de agua que pueden ayudar a mantenerte hidratado durante el día son la sandía, los duraznos, las fresas, las naranjas, la toronja, el apio, los jitomates, el pimiento, la coliflor, la calabaza, la lechuga, el pepino, la leche desnatada, el yogur natural, el queso cottage y sopas o caldos.

Los efectos positivos del agua

Ya que este capítulo se trata por completo del agua, sería bueno terminar con información adicional sobre los muchos efectos positivos que tiene este líquido esencial.

. . .

Primero que nada, una hidratación adecuada ayuda a la pérdida de peso. Esto se debe a que incrementa por un tiempo el ritmo del metabolismo inmediatamente después de su ingesta, además de que reduce el apetito, lo que permite que te sientas satisfecho a pesar de haber consumido menos calorías. Otra cosa positiva es que si bebes agua fría o, al menos al tiempo, te ayuda a quemar unas pocas calorías adicionales simplemente porque tu cuerpo tiene que calentar el agua a su propia temperatura. Una vez dicho esto, sin una dieta saludable y una rutina de ejercicios consistente, el consumo de agua por sí solo no te va a llevar muy lejos en tu proceso de pérdida de peso.

En segundo lugar, el agua tiene efectos positivos en la función cerebral y en los niveles de energía.

Se puede observar esto en los efectos secundarios de la deshidratación (fatiga, pérdida de concentración, cambios de humor) y en la gran diferencia que puede llegar a hacer beber un vaso de agua en las mañanas.

Otros efectos beneficiosos relacionados con la hidratación adecuada incluyen:

- Un proceso de digestión más eficiente y con una mejor absorción de nutrientes y menor riesgo de estreñimiento.

- Menos riesgo de desarrollar piedras en el riñón, infecciones en el tracto urinario y presión arterial elevada.
- Un mejor desempeño durante los ejercicios físicos intensos.
- Buena lubricación de las articulaciones y los tejidos, lo que lleva al menos incomodidad y menos dolor cuando se participa en actividades físicas.
- Una mejor complexión de la piel, aunque estos efectos solamente se basan en anécdotas y no ha sido probado científicamente todavía.

3

La desintoxicación y cómo puede mejorar tu sistema inmune y aumentar la vitalidad

Es MUY raro que hoy en día busquemos y lineamientos de nutrición y no nos encontremos con al menos uno o dos programas de desintoxicación o limpieza interna. La desintoxicación se refiere a la eliminación de toxinas e impurezas del cuerpo para ayudar a la salud. Nuestros cuerpos ya tienen un sistema particularmente bueno de limpieza por naturaleza, ya que las toxinas son eliminadas principalmente por el hígado, pero también a través de los riñones con la orina, a través de la piel con el sudor, a través de los intestinos, el sistema linfático y los pulmones.

La desintoxicación sirve para ayudar a las personas con sistemas de limpieza comprometidos que no son capaces de filtrar y las impurezas de forma normal, similar a lo que pasa cuando el sistema de drenaje está tapado.

. . .

En situaciones como ésta, la desintoxicación se deshace del bloqueo, lo que permite que los fluidos dentro del cuerpo se muevan así como el agua se mueve a través de una tubería limpia. Estas toxinas que crean desorden en nuestro cuerpo vienen de muchos lugares, incluyendo los alimentos que ingerimos y los químicos y contaminantes presentes en nuestro medio ambiente. Los programas de desintoxicación ayudan al cuerpo a estimular el funcionamiento del hígado, promueven la salud de los riñones y del sistema digestivo, mejoran la circulación sanguínea, rejuvenecen los órganos por medio del ayuno y proporcionan nutrientes esenciales. Si tu sistema de limpieza natural funciona bien, entonces puede ser que la desintoxicación no sea la mejor opción para ti.

Las dietas de limpieza tienen como objetivo eliminar las toxinas por medio de una gran variedad de técnicas, desde el ayuno hasta tomar suplementos de dieta, cambiar a una dieta líquida, usar laxantes o enemas, beber mucha agua o tener una dieta bastante restrictiva.

Las diferentes técnicas se concentran en diferentes objetivos. Por lo General, un programa típico de desintoxicación se concentra en acelerar las funciones del hígado y de los riñones, reemplazando los alimentos sólidos no saludables con líquidos (sopas, licuados y jugos con suplementos añadidos) o destapando el colon por medio de otras técnicas (enemas, laxantes o hidroterapia del colon).

Si eliges una perspectiva que sea buena para todos necesidades particulares y aplicas los principios de forma correcta, la desintoxicación es muy beneficiosa para ti gracias a sus efectos de inmunidad y aumento de vitalidad.

Sin embargo, antes de entrar a detalles técnicos sobre decidiese necesitas seguir un programa de desintoxicación y elegir una dieta de limpieza que sea funcional para ti, antes necesitamos explicar lo que dice la investigación sobre la desintoxicación y los riesgos de salud asociados con ella. Es importante estar informado y saber exactamente en qué te estás metiendo.

Desintoxicación: la ciencia y los riesgos

Muchos nutriólogos y nutricionistas no apoyan la idea de que nuestros cuerpos necesitan ayuda para eliminar las sustancias tóxicas.

. . .

Los expertos creen que el hígado y los riñones son las únicas "máquinas" de desintoxicación que necesitamos y, siempre cuando la persona se mantenga saludable, beba suficiente agua y se ejercite regularmente, no hay una necesidad para ayuda externa.

Tampoco ayuda mucho que sólo existan unos cuantos estudios sobre la efectividad de la desintoxicación en las personas. Aunque las investigaciones demuestran resultados positivos respecto a la pérdida de peso y a la presión arterial, la integridad de estos estudios es algo dudosa. No han existido pruebas aleatorias y controladas, las cuales tienden a ser más precisas y confiables como fuentes de información para los investigadores, y los estudios mismos han sido llevados a cabo de forma ineficiente.

Además, los alegatos sobre que los programas de limpieza ayudan a la pérdida de peso son parcialmente ciertos. Sí, a corto plazo, el cambio repentino de alimentación y la dieta restrictiva sí lleva a la pérdida de peso y al aumento de energía debido a que se ha renunciado a muchos alimentos dañinos. Sin embargo, la desintoxicación tiene consecuencias en el cuerpo y el peso suele regresar justo cuando la persona regresa a sus hábitos normales de alimentación.

Respecto a la seguridad de los programa de limpieza, hay muchas cosas que considerar. Algunos aspectos de seguridad que debes tomar en cuenta antes de comprometerte con un programa de desintoxicación son:

- Algunos productos de limpieza interior en el mercado utilizan publicidad falsa y contienen ingredientes ilegales y potencialmente peligrosos. Debes tener mucho cuidado con los productos e ingredientes de desintoxicación que compras y debes revisar muy bien la lista de ingredientes. Es muy buena idea preguntarle al nutriólogo o al médico que revise los productos antes de comprar o consumirlos.
- Los codos no pasteurizados para la desintoxicación pueden contener bacterias dañinas, las cuales son especialmente peligrosos para los niños, adultos mayores e individuos con un sistema inmune debilitado.
- Algunos jugos tienen una concentración anormalmente alta de oxalato, una sustancia que se encuentra naturalmente en la remolacha y en la espinaca. Aunque es

saludable en cantidades pequeñas, llega a afectar el funcionamiento de los riñones y se consume una gran cantidad.

- Las dietas demasiado restrictivas te pueden hacer más propenso a desarrollar trastornos, ya que no siempre proporciona los nutrientes esenciales para las necesidades del cuerpo.
- El uso de laxantes puede tener como consecuencias diarrea severa y desbalance de electrolitos.
- Realizar una dieta de sólo líquidos puede llevar a la sobrehidratación.
- Los procedimientos para limpieza del colon tienen efectos secundarios serios y no se recomienda para las personas que tienen enfermedades del corazón, de los riñones, problemas gastrointestinales o hemorroides.
- Si tienes diabetes, sin lugar a dudas debes consultar a tu médico antes de cambiar tu dieta de cualquier forma.

¿Necesitas desintoxicarte?

Generalmente hablando, si no tienes ninguna enfermedad crónica como la diabetes, tuberculosis o cáncer, o si no eres menor de edad o estás amamantando, entonces la desintoxicación puede ser una opción segura para ti.

Sin embargo, una vez más, no te comprometas con un programa de limpieza sin antes haber consultado a tu médico o nutriólogo. Para un individuo que tiene malos hábitos alimenticios y que tiene una relativamente buena salud, se recomienda realizar al menos una sesión de desintoxicación al año. La razón para esta recomendación es que actualmente estamos en contacto con muchas toxinas, ya sea por la comida que comemos o por nuestro medio ambiente.

En el programa de limpieza puede ser beneficioso para ti si estás experimentando síntomas como fatiga, hinchazón, metabolismo lento, reacciones alérgicas frecuentes e infecciones no tan serias, problemas menstruales o cansancio mental.

Ten en cuenta que una desintoxicación saludable comienza con una etapa de preparación en la cual tienes que comenzar a minimizar tu consumo de toxinas. Es un proceso que requiere tiempo. Algunas acciones que puedes realizar antes de comenzar una dieta de limpieza son:

- Elimina las azúcares refinadas, grasas saturadas, café y el alcohol de tu alimentación, ya que estos alimentos no son saludables y tienen un efecto tóxico en el cuerpo. Lo mismo sucede con fumar, por lo que es altamente recomendable que te alejes de esta actividad, por esta y muchas otras razones relacionadas a la salud de largo plazo.
- Minimizar el uso de productos de limpieza personal y productos de limpieza del hogar basados en químicos. Se pueden sustituir con alternativas 100% naturales o encontrar una opción más saludable que esté disponible en el mercado.
- Manejar el estrés. Aunque tiene sus beneficios, el estrés generalmente no es Algo bueno para la salud. El yoga y la meditación son buenos métodos para lidiar con el estrés y te ayudan a comenzar correctamente tu programa de limpieza, a partir de un punto de vista físico y mental.

Elegir un programa de desintoxicación

. . .

Existen muchos tipos de dietas de limpieza que van desde una modificación menor de tus hábitos de alimentación actuales hasta restricciones extremas y ayunos prolongados. Además, algunas desintoxicaciones están hechas para llevarse durante periodos breves de tiempo, mientras que otros buscan ser un programa a largo plazo para cuidar de tu cuerpo.

La mayoría de las dietas de limpieza incluyen al menos uno de los siguientes pasos:

- Eliminar o disminuir el consumo de toxinas del alcohol, café, azúcares refinadas y cigarros.
- Practicar el ayuno prolongado (1-3 días) o intermitente.
- Evitar alimentos que tienen alérgenos y luego reintegrarlos lentamente a tu alimentación.
- Beber muchos líquidos, en especial de en forma de jugos de frutas y verduras, licuados y tés, pero también se recomienda el consumo de agua.
- Comer de forma limpia al eliminar alimentos que tienen demasiados químicos, metales u otras sustancias potencialmente dañinas.
- Consumir suplementos alimenticios.
- Añadir hierbas a tus comidas.
- Utilizar laxantes o limpiadores de colon.

- Mantenerse activo y hacer ejercicio de forma regular.

Quizás el programa de desintoxicación más popular que encontrarás en el mercado son los jugos o líquidos y limpiadores. Estas dietas suelen involucrar el consumo de jugos de frutas y verduras de uno a tres días a la vez.

Existen muchas variaciones cuando se trata de los mismos jugos.

Algunos programas requieren jugos hechos en casa, mientras que otros promueven el consumo de jugos de limpieza que se venden en las tiendas, lo cual puede o no ser beneficioso para ti. Además de los jugos, algunos programas permiten el consumo de licuados de proteína o aperitivos veganos para saciar el hambre y proporcionar los tan necesitados minerales, vitaminas y otros nutrientes esenciales. No obstante, el enfoque sigue siendo en una dieta líquida, Así que debes esperar una regla estricta de un licuado o un aperitivo por día. Otra variación en la dieta líquida es que se basa en el consumo de agua salada o agua de limón con hierbas o suplementos añadidos.

. . .

Esta variación más estricta no es para cualquier persona y, en lo personal, yo no la recomiendo.

Para realizar una limpieza de jugos, necesitas pasar por estas tres etapas:

1. Preparación: gradualmente eliminar los alimentos no saludables como las comidas procesadas, azúcares refinadas y productos animales, además de las toxinas como la nicotina y la cafeína por al menos cinco días antes de comenzar la desintoxicación. En esta etapa, el objetivo es incrementar el consumo de frutas y verduras y poner mucha atención a permanecer hidratado.
2. Desintoxicación: Beber al menos un litro de jugos de frutas o verduras crudas y orgánicas al día por uno a tres días. Estos jugos suelen contener espinacas, zanahorias, kale, vegetales de hoja verde, remolacha, calabaza y apio. Las frutas que se hacen jugo de forma eficiente son las manzanas, duraznos, mangos, piñas, kiwis, cerezas y albaricoques. Asegúrate de retirar las semillas antes de hacer jugo las frutas.
3. Postdesintoxicación: lentamente volver a introducir los alimentos en tu comida diaria, tener mucho cuidado con las raciones de

comida. Es mejor comer de forma ligera para ayudar a que tu cuerpo se reajuste a la comida sólida.

Ten en cuenta que, aunque la limpieza te va a beneficiar a largo plazo, no te vas a sentir muy bien durante la etapa de desintoxicación. Tienes que estar preparado para experimentar algunas emociones negativas como frustración y enojo, ya que la sensación de hambre.

Además, debes tener mucho cuidado con la cantidad de actividad física que realizas.

Si eres una persona muy activa, puede ser una mejor idea reducir tus esfuerzos físicos y optar por un ejercicio ligero mientras atraviesas hacer la etapa de limpieza para no presionar demasiado a tu cuerpo.

Si prefieres realizar una limpieza de jugos más ligera, incluye en tus planes de comida algunos alimentos veganos (zanahorias crudas o pimientos y comidas libres de gluten), leche de almendras, ensaladas con hierbas, licuados (con plátano o aguacate) y caldos de verduras.

. . .

Una limpieza breve de jugos mejora la digestión, y aumenta la inmunidad y la energía y ayuda a que el cuerpo se deshaga de las toxinas. Sin embargo, las limpiezas con jugos más estrictas tienen muy pocas calorías y no cumplen con las necesidades nutricionales de una persona promedio. Las dietas que duran más de tres días llevan a la malnutrición, a picos de glucosa (debido a las azúcares naturales de los jugos concentrados), problemas de riñón y daño en el hígado. Para prevenir estos problemas, elige una limpieza con jugos más tranquila y apégate al programa de desintoxicación de tres días.

La limpieza de hígado y de riñón son programas de desintoxicación que tienen como objetivo ayudar al mecanismo natural de limpieza del cuerpo. Se concentran en el consumo de alimentos que fomentan el funcionamiento de los riñones y del hígado, lo que te ayudará a recuperarte después de un fin de semana difícil o simplemente para estimular tu metabolismo. Aunque una limpieza tradicional necesita llevarse a cabo en un período breve de 3 a 5 días con restricciones alimentarias, en este caso puedes hacer de esto un hábito al consumir estimulantes del hígado y de los riñones. Una dieta basada en plantas, por ejemplo, se dice que estimulan nuestro mecanismo de limpieza natural. Alimentos que son muy buenos para desintoxicar y mejorar el funcionamiento de los riñones y del hígado son los granos integrales, el pescado, aguacates, plátanos, espinacas, vegetales de hoja verde, brócoli, ajo, rábanos, puerro, perejil, nueces, semillas de sésamo, té verde, limón y vinagre de sidra de manzana. Además, la cúrcuma es una especia desintoxicante natural que promueve la salud del hígado, y el consumo de aceite de oliva y grasas saludables puede disminuir el riesgo de tener un hígado graso.

Si las limpiezas con jugos y de hígado tienen el potencial de mejorar la salud y promover el bienestar, no se puede decir lo mismo de las limpiezas de colon.

Aunque sí ayudan a las personas que sufren de estreñimiento o del síndrome de válvula irritable, las desintoxicaciones de colon traen consigo muchos riesgos de salud que hacen que sean demasiado perjudiciales. Esto se debe a que las limpiezas de colon requieren del uso de laxantes, enemas u otros limpiadores de colon, los cuales pueden afectar de forma permanente en tu tracto digestivo, eliminando las bacterias saludables necesarias para la digestión, causar deshidratación y llevará a un desbalance de electrolitos.

Si crees que una limpieza desintoxicante de colon puede ser beneficiosa para ti, habla con tu médico sobre las posibles complicaciones y elige a tu terapeuta con mucho cuidado. Elige un higienista del colon que trabaje con organizaciones profesionales y revisa lo que han dicho antiguos pacientes sobre el terapeuta, especialmente debes poner mucha atención a su rutina de desinfección antes de comprometerte con una cita. Ten en cuenta que tu terapeuta debe utilizar herramientas estériles y equipo desechable, además de utilizar el equipo protector apropiado. No intentes realizar los enemas en casa, ya que puedes llegar a perforar tus intestinos.

Por último, existen programas de limpieza sencillos, como la desintoxicación de azúcares y la desintoxicación hipoalergénica, las cuales se concentran en eliminar uno o múltiples elementos posiblemente dañinos de tu alimentación. Estos son los tipos de dietas de desintoxicación más recomendadas porque no representan un riesgo a la hora de desarrollar trastornos y no requieren del uso de métodos dudosos. Estas desintoxicaciones promueven un estilo de vida saludable y te dan un aumento de vitalidad e inmunidad. Para realizar una desintoxicación como ésta, necesitas eliminar gradualmente el azúcar, los alérgenos, los alimentos procesados y otras toxinas hasta que las puedes eliminar por completo. Debes seguir las instrucciones sobre las restricciones para unos pocos días o unas cuantas semanas, dependiendo de los resultados que deseas y del consejo de tu médico, luego puedes volver a reintroducir lentamente esas comidas a tu alimentación.

Para los principiantes, se recomienda comenzar una breve dieta de desintoxicación, sencilla y por siete días, concentrándose en la restricción del consumo de azúcares refinadas, alimentos procesados, lácteos con grasas, alimentos con azúcares añadidas, carnes grasosas, cafeína y alcohol.

Para esta semana de desintoxicación, experimentar con los alimentos saludables, como las frutas y verduras, granos integrales, lácteos bajos en grasas, nueces y aceites basados en plantas. Debes esforzarte para mantenerte hidratado y físicamente activo todo lo que puedas.

En esencia, este plan de desintoxicación sigue la regla de nutrición de la que hemos hablado en el primer capítulo de este libro, con el elemento añadido de evitar los químicos dañinos. Aquí hay algunos consejos que te ayudarán a aprovechar al máximo un plan sencillo de desintoxicación:

- Incluir muchos alimentos ricos en antioxidantes como las moras azules, frijoles rojos, arándanos, nuez pecana, ciruela negra, fresas, frambuesa, manzana y corazón de

alcachofa en tus comidas diarias o en los aperitivos.
- Concéntrate en comer alimentos limpios, los cuales ayudan a tu sistema de limpieza natural al proporcionar los nutrientes esenciales, como los minerales y los ácidos grasos. Algunos buenos ejemplos son la arúgula, limones, ajo, granada, col, manzana, aguacate, almendras, cilantro, jengibre, mora azul, té verde, remolacha e hinojo.
- Incluir alimentos con mucha fibra como los granos integrales (trigo integral, avena integral, quinoa, arroz integral), semillas (linaza, sésamo, chía, semillas de cáñamo) y nueces (almendras, nuez pecana, nuez de la india, nuez de Castilla) en tu plan de alimentación para ayudar a la digestión.
- Intenta elegir frutas y verduras de temporada que son cultivadas localmente para asegurar la frescura y la calidad.
- Balance a tus comidas para que incluyan una gran variedad de nutrientes. Una comida ideal debe tener frutas y verduras, proteínas (de origen animal o de origen vegetal), grasas saludables y granos integrales.
- Recuerda mantenerte hidratado al beber una cantidad apropiada de agua y de tés herbales.

- Incluyen ejercicio ligero como caminar, trotar, hacer bicicleta o yoga en tu rutina diaria.
- Invierte algo de tiempo para aprender cómo lidiar con el estrés y las emociones negativas para asegurar que tanto tu cuerpo como tu mente se están deshaciendo de las impurezas y de las toxinas.

4

Ejercicios que pueden revitalizar tu cuerpo

Además de tener una dieta saludable, ser físicamente activo es lo mejor que puedes hacer para mantener un cuerpo saludable. El ejercicio mantiene tus músculos fortalecidos, protege tu mente de los efectos del deterioro del tiempo y mejora el humor. El ejercicio es una de las mejores formas en las que puedes invertir para mantener una salud adecuada durante toda tu vida. Es un plan de inversión a largo plazo.

Para tener una mejor idea de la importancia de la actividad física de cualquier tipo, piensa en un carro nuevo que ha estado estacionado en una cochera por 20 años.

. . .

Desde un punto de vista técnico, el carro está en condiciones excelentes, como un coleccionable dentro de su caja. Sin embargo, si intentas conducir este carro, te darás cuenta de que sus bandas de plástico están secas, que el metal se ha oxidado en algunas partes y que el líquido se ha evaporado. Si eso es lo que hacen años de parálisis a un carro, imagínate lo que hace con tu cuerpo. Las articulaciones se ponen cada día más y más rígidas en un estilo de vida sedentario. Los músculos que no se utilizan se consumen, el corazón se hace más débil e incluso tus habilidades cognitivas sufren por la falta de movimiento.

Es normal volverse menos activo con la edad. No obstante, comprendemos que al permitir que nuestros cuerpos "permanezcan en la cochera", no los estamos protegiendo de la enfermedad y del envejecimiento, y no que activamente estamos permitiendo que se deterioren.

Tu salud depende de si has hecho ejercicio antes o no. Si tu estilo de vida y sedentario, cualquier momento y cualquier lugar es bueno para comenzar a hacer ejercicio.

Recuerda que debes comenzar poco a poco para no hacerte daño. Puedes comenzar con una caminata tranquila o haciendo ejercicios de estiramiento. No debes pensar que estás en un programa para perder peso, sino que estás en un régimen más saludable en el que haces todo lo posible para mejorar tu salud.

Así pues, tu principal objetivo no debe ser la pérdida de peso, sino mantener una vida saludable.

Respaldo científico sobre la importancia del ejercicio

Si todavía no estás completamente convencido de los efectos beneficiosos que el ejercicio, aunque sea en cantidades pequeñas o moderadas, tiene en tu cuerpo, entonces vamos a revisar algunos estudios. Primero, un pequeño estudio comparó a unos adultos mayores (de 55 a 79 años de edad) que eran ciclistas aficionados con unas personas sedentarias de la misma edad. Los descubrimientos iniciales poco sorprendentes fueron que los ciclistas tenían mayor masa muscular, así como niveles de colesterol más bajos y niveles de grasa corporal más bajos.

Pero los investigadores también se dieron cuenta que los ciclistas tenían un sistema inmune mejor y de apariencia más joven, lo que les permitía sentirse mejor y también estar biológicamente más saludables que las personas sedentarias de su misma edad. Ten en cuenta que estas personas eran ciclistas aficionados, no atletas profesionales, así que no estamos hablando de personas que han pasado varios años de sus vidas en el gimnasio.

Otro estudio se concentró en analizar la salud de personas activas mayores de 40 años que realizaban ejercicio moderado, y se descubrió que la composición de su piel era comparable a la de personas de 30 años, y no a la de los individuos sedentarios de su propia edad. En segundo lugar, varios estudios han investigado la relación entre la habilidad cognitiva y ser físicamente activo, lo cual tuvo conclusiones interesantes. Uno de ellos descubrió que las mujeres atléticas de mediana edad tenían 88% menos probabilidad de desarrollar demencia (una enfermedad degenerativa) que las mujeres de la misma edad que solamente eran parcialmente activas. El otro estudio investigaba a adultos mayores entre las edades de 60 a 88 años, que tenían las instrucciones de tomar una caminata de 30 minutos cuatro veces a la semana por dos semanas. Este pequeño cambio en la rutina diaria llevó al fortalecimiento de las conexiones neuronales en las áreas del cerebro asociadas con la pérdida de memoria. Un tercer estudio que se concentraba en mujeres de mayor edad descubrió que los ejercicios aeróbicos tenían un efecto positivo en la memoria y en el aprendizaje, estimulando el crecimiento del área del hipocampo en el cerebro.

. . .

Por último, está un estudio que investigaba los efectos del cardio y del ejercicio de mucha intensidad en los músculos cardiacos de las personas mayores a 50 años.

Con la edad, los músculos del corazón se ponen rígidos, lo que hace que sea más difícil para el cuerpo obtener la cantidad necesaria de sangre oxigenada. El estudio descubrió que los sujetos de estudio demostraron una mejora significativa en su desempeño cardiaco en tan sólo dos años de estar realizando constantemente actividades físicas de mucha intensidad. Esto llevó a los investigadores a realizar la teoría de que el ejercicio puede prevenir e incluso, hasta cierto punto, mejorar la rigidez de los músculos cardiacos, independientemente de la edad de los participantes.

A largo plazo, el ejercicio nos mantiene fuertes, tanto física como mentalmente. La ciencia ha comprobado una y otra vez que el movimiento de cualquier tipo promueve la salud y la longevidad, y que no existe un límite de edad para volverse activo. La mejor parte es que no necesitas acudir al gimnasio o invertir mucho dinero en equipos caros para tener algo de actividad física cada día. Actividades sencillas como caminar o ejercicios sencillos que puedes hacer en la comodidad de tu propia casa son suficientes para revitalizar el cuerpo, siempre y cuando se vuelva un hábito. Ten en cuenta que ser consistente suele ser más importante que el ejercicio que elijas.

Una vez explicadas todas las cosas técnicas, por fin vamos a explicar algunos ejercicios que pueden ayudar a aliviar la rigidez de las articulaciones, mejorar la movilidad y la flexibilidad, mantener un sistema circulatorio saludable y hacerte sentir más joven y activo.

Un comentario importante en esta parte es que debes consultar a tu médico antes de comenzar cualquier programa de ejercicios, en especial si sufres de enfermedades crónicas. La seguridad siempre debe ser tu prioridad número uno.

Ejercicios para mejorar la movilidad de las articulaciones y aliviar el dolor

Los ejercicios de flexibilidad tienen el propósito de aliviar la rigidez en las articulaciones, lo que nos permiten movernos y ser activos sin experimentar dolor o incomodidad. Estos ejercicios breves son una excelente rutina para la mañana porque nos ayudan a que los fluidos del cuerpo se dispersen a todas las partes del cuerpo después de un periodo de inactividad o como calentamiento antes del ejercicio, ya que mejoran el rango del movimiento de las articulaciones y de los músculos. Por ejemplo, solamente diez minutos de ejercicios de flexibilidad de las articulaciones pueden mejorar tu cardio y desempeño en el entrenamiento de fuerza, lo que te ayudará a aprovechar al máximo tu actividad física.

Los ejercicios de estiramiento son estáticos y dinámicos. Los ejercicios dinámicos se realizan antes de los entrenamientos para hacer que tus músculos estén más activos. El estiramiento estático es para mantener la posición durante unos 20 segundos y se realizan después de los entrenamientos y ejercicios fuertes para relajar los músculos.

Desde la cabeza hasta los pies, aquí hay algunos ejercicios de flexibilidad que no requieren un equipo especial y que puedes realizar en casa:

Medios círculos con el cuello

Mejorar la movilidad del cuello puede aliviar el dolor de cuello, de cabeza y de la espalda alta. Para este ejercicio puedes estar de pie o sentado, siempre y cuando estés en una posición cómoda. Para comenzar, ladea la cabeza hacia el lado derecho hasta que sientas que los músculos se estiran. Después, mueve tu cabeza hacia delante hasta que tu barbilla toque tu pecho. Tal vez sientas algo de dolor o incomodidad mientras mueves tu cuello, así que no te fuerces demasiado. Continúa el movimiento giratorio hacia el lado izquierdo y luego detente cuando sientas que los músculos vuelven a estirarse en el lado opuesto. Es decir, en medio círculo.

Para completar esta sección de ejercicio, tu objetivo es realizar otros tres medios círculos, cambiando de lado.

Un buen consejo para este ejercicio es tomarte tu tiempo y concéntrate en moverte con toda la suavidad que puedas.

Girar los hombros

Trabajar en la movilidad de los hombros puede mejorar tu postura y tu forma, lo cual puede aliviar la rigidez que sientes en el frente de los hombros y en el pecho. Este ejercicio es bastante sencillo. Comienzas en una posición de pie, con los brazos estirados y colgando a los lados de tu cuerpo. Después, cuidadosamente gira los hombros hacia adelante, realizando movimientos lentos y deliberados. Después de eso, gira los hombros hacia atrás, concentrándote en realmente deshacerte de la rigidez.

Realiza alrededor de diez giros en cada dirección.

Rotación del torso

Este ejercicio es muy bueno para la postura y para la movilidad, también mejora la movilidad en la región de la espalda baja. Para realizar este ejercicio, puede ser que necesites un tapete de yoga o una toalla limpia porque necesitarás recostarte en una superficie plana; tal vez puedas realizar las rotaciones de torso en la cama si tienes un colchón firme. Comienza en una posición horizontal, acostado en el piso, con los brazos estirados formando una T con la parte superior de tu cuerpo, sube las piernas y dobla las rodillas en un ángulo de 90 grados. Tus rodillas deben tocarse entre ellas. Comienza el ejercicio girando las rodillas hacia el lado derecho, que toquen el piso. Mantén juntas tus piernas y muévelas como si fueran una. Mantén esa posición por unos diez segundos y luego, lentamente, regresa las piernas a la posición inicial. Repite el mismo movimiento para el lado izquierdo. Continuaba alternando lados hasta que hayas completado diez rotaciones.

· · ·

Al igual que con los otros ejercicios de esta lista, debes concentrarte en ejecutar el ejercicio de forma apropiada y realmente involucrar los músculos. Realiza los ejercicios a tu propio ritmo y muévete tan lento como necesites.

Abrir las caderas, movimientos y giros

Los movimientos para abrir las caderas son ejercicios que tienen el objetivo de estirar tus caderas para que realicen movimientos más amplios. La articulación de la cadera es una de las articulaciones más móviles en todo el cuerpo, ya que tiene la habilidad para moverse en todas las direcciones y contribuye bastante a tu estabilidad y balance general. Por eso, es muy importante mantener las caderas flexibles.

Para realizar los balanceos de cadera, necesitas una silla firme. Colócate detrás de la silla y un poco hacia la derecha, mantén una mano sobre el respaldo para apoyarte.

Párate derecho con las rodillas ligeramente dobladas.

· · ·

Comienza el ejercicio al balancear lentamente tu pierna derecha hacia adelante y hacia atrás, manteniendo la espalda recta. Realiza diez movimientos hacia adelante y hacia atrás, y luego muévete hacia el lado izquierdo de la silla y repite el ejercicio con la pierna izquierda.

Para realizar los giros de cadera, debes acostarte en una superficie plana. Estira las piernas, un poco separadas, y mantén las rodillas estiradas. Después, gira las rodillas y los pies hacia adentro, para que se vean el uno al otro. Recuerda moverte lentamente y concentrarte en realizar el ejercicio de forma correcta. Repite el movimiento unas diez veces para rejuvenecer las articulaciones de tu cadera.

Otro ejercicio que puedes realizar es recostarte en el piso con las rodillas dobladas, apoyándote en los pies. El objetivo es levantar las caderas para intentar formar una línea recta que va desde tu pecho hasta las rodillas. Debes apoyarte solamente en los hombros y en los pies. Sentirás cómo se estiran tus caderas cuando subes la pelvis. Baja la cadera lentamente para no lastimarte.

Un tercer ejercicio sería recostarte de espaldas en el suelo y doblar una pierna, de modo que quede apoyada sobre el pie. Estira la otra pierna y luego levántala lentamente hasta que las rodillas estén alineadas. Baja la pierna y luego cambia de lado. Repite unas quince veces con cada pierna.

Un ejercicio bastante complicado pero que ayuda mucho el fortalecimiento de las caderas y el abdomen son las abdominales laterales. Para realizar este ejercicio debes recostarte sobre tu espalda, piernas dobladas.

Coloca las manos detrás de la cabeza y levanta la parte superior del torso intentando tocar la rodilla izquierda con el codo derecho. Bach el cuerpo y luego intenta tocar la rodilla derecha con el codo izquierdo. Realizar varias repeticiones alternando de lado.

Una variación de este ejercicio es realizarlo estando de pie. Párate derecho con las manos detrás de la cabeza. Levanta la pierna izquierda para tocar el codo derecho mientras giras el torso. Vuelve a la posición inicial. Luego sube la rodilla derecha e inclínate doblando el torso para tocar con la rodilla izquierda el codo derecho.

Fortalecer las rodillas

. . .

Hay varios ejercicios que te pueden ayudar a fortalecer las rodillas.

El primer ejercicio es estar acostado o de pie con las piernas estiradas y subir una pierna a la vez. Debe sentir el ejercicio en los cuádriceps, en la parte frontal del muslo.

El segundo ejercicio sería fortalecer los isquiotibiales, el músculo posterior de la pierna. Para esto, puedes ponerte de pie frente a una silla y agarrar el respaldo o el asiento para sostenerte. Inclinarte un poco hacia delante y dobla la pierna para tocar la parte de atrás del muslo con tu pie. Dobla todo lo que puedas. Repite del otro lado y realiza las secuencias diez veces.

El tercer ejercicio sería realizar sentadillas en la pared.

Imagina que estás sentado en una silla y que la pared es tu respaldo, solamente que no hay nada debajo de tu trasero. Si esto te parece muy difícil, puedes comenzar un poco más arriba, no doblando las rodillas en 90 grados.

Puede subir y bajar un escalón alternando las piernas. Si quieres aumentar la dificultad, puedes ir cambiando la altura y subir escalones más altos o cajas, sólo debes asegurarte de que no se muevan.

Otro ejercicio es subir la pantorrilla. Para esto te puedes recostarte en el suelo con las rodillas dobladas en un ángulo de 90 grados.

El ejercicio consiste en llevar una rodilla al pecho y abrazarla, estirando la otra pierna en el piso. Suelta la pierna y cambia de lado, abrazando la otra rodilla.

Un sexto ejercicio sería levantar las piernas a los costados.

Recuéstate de lado en el piso, poniendo una mano bajó la cabeza para sostenerte. Estira las piernas y levanta la pierna que esté arriba unos 45 grados. Repite varias veces y luego cambia de lado.

Levantamientos en la punta de los pies

. . .

La movilidad de los tobillos es importante para el balance y la estabilidad, lo cual es bastante útil para las actividades del día a día como caminar o subir escaleras. Para realizar este ejercicio necesitas parte junto a una pared, mantener la espalda y el cuerpo rectos y poner una mano en la pared para apoyarte. Lentamente inclinarte hacia delante, desde los talones hasta los dedos de los pies, hasta que estés en una posición en la que sólo estás apoyado en los dedos de los pies. Luego mueve el cuerpo para apoyarte en los talones, De tal forma que termines levantando los dedos de los pies y te apoyes sólo en los talones. Repite este movimiento unas diez veces para preparar tus tobillos para la actividad física.

Ejercicios para normalizar la presión arterial

La presión arterial varía mucho dependiendo del peso corporal, así que la mejor forma de disminuir la presión y normalizarla es perdiendo peso y viviendo un estilo de vida saludable. Ya que hemos hablado de la nutrición y de la desintoxicación, ahora vamos a concentrarnos en las diferentes actividades físicas que promueven la salud de la circulación:

- Bicicleta o bicicleta estacionaria: 30 minutos al día de ejercicio moderado y continuo Es una excelente forma de disminuir la presión arterial porque estimula el flujo sanguíneo. No necesitas comenzar inmediatamente a toda velocidad en la bicicleta o forzarte a llegar a los 30 minutos. Deja que sea algo gradual y no olvides disfrutarlo. Con la bicicleta puedes disfrutar algo de aire fresco y de luz del sol mientras que obtienes tu ejercicio diario. Con la bicicleta estacionaria puedes mantenerte al día con tus programas de televisión y películas favoritas. Intenta tener al menos tres sesiones de bicicleta por semana.
- Senderismo: esta actividad física requiere poder muscular, balance y estabilidad. Debido a eso, puede reducir bastante la presión arterial mientras que también te mantiene en forma. Puedes comenzar caminando por caminos inclinados y lentamente pasar a las colinas y montañas. Dos caminatas breves de diez minutos por día deben ser suficientes para comenzar.
- Natación: este ejercicio es excelente, en especial para las personas que sufren de problemas de articulación y para adultos mayores a 60 años. Distribuye 150 minutos de natación moderada por semana o natación

vigorosa por 75 minutos a la semana. Los ejercicios acuáticos promueven unos niveles saludables de presión arterial y mejoran la movilidad de las articulaciones. No te olvides de comenzar poco a poco con sesiones de 30 a 45 minutos y ser consistente.
- Ejercicio con bandas de resistencia: esto se refiere a cualquier ejercicio que se realiza con una banda de resistencia, como pueden ser las sentadillas, levantamiento de pesas, plancha, zancadas, abdominales y estiramientos a los lados. El simple añadido de una banda de resistencia hace que estos ejercicios sean más difíciles, lo que te obliga a dedicarle más esfuerzo. Sólo asegúrate de no exagerar.

Los beneficios de la caminata

Aunque las personas consideran que caminar es más una actividad recreativa que un ejercicio físico, no se puede negar que esta es una forma de cardio y es muy buena para la salud. Camina debe ser tu segundo corazón. Los músculos de tus pantorrillas deben mantenerse firmes y saludables para que puedas seguir caminando. Todos saben que el corazón es el que bombea la sangre en todo el cuerpo, así que puedes considerar que tus músculos de las pantorrillas son como un segundo corazón porque son los que te hacen circular por el mundo.

La caminata es un ejercicio muy bueno para el corazón. Las personas con enfermedades cardiacas pueden intentar caminar paso a paso, incrementando el ritmo lentamente. También es muy buena para la artritis para cuando el dolor se haya aliviado y así evitar que vuelva a aparecer. También sirve para liberar el estrés y hacer más lento el proceso de envejecimiento. También te puedes ahorrar algo de dinero si caminas en vez de tomar el autobús para ir al trabajo o a la tienda cercana. Igualmente, puedes elegir subir las escaleras en vez de usar el elevador.

La caminata tiene muchos efectos beneficiosos como los siguientes:

- Aumenta el ritmo cardiaco, lo cual es muy bueno para tu salud cardíaca y cardiovascular general.
- Hacer que tus músculos trabajen y mejorar tu nivel de aptitud física si es que decides a realizar caminatas intensas o trotar de forma intermitente.
- Quemar grasa, lo cual ayuda a mantener un

peso saludable si se combina con una dieta balanceada.
- Mejora la flexibilidad de las articulaciones y de los músculos, incluso si sólo caminas a un paso tranquilo que no es demasiado trabajo para tus articulaciones.

Si quieres obtener todos los beneficios de la caminata, los expertos recomiendan caminatas enérgicas de 30 minutos por cinco días a la semana. La mejor forma de hacer que la caminata sea parte de tu rutina de ejercicios es comenzar a un paso tranquilo por los primeros 5 minutos para calentar, Luego aumentar la velocidad todo lo que puedas por los siguientes 20 minutos y terminar con un paso tranquilo para enfriarse.

Para los propósitos aeróbicos y de control de peso, se recomiendan caminatas más largas por 45 a 60 minutos, con el mismo formato comenzando despacio y luego más intenso para involucrar bien los músculos. Si no puedes aguantar un paso enérgico por mucho tiempo, intenta dividir la caminata normal de 30 minutos en tres periodos de caminatas rápidas por 10 minutos (también conocidas como caminata de poder) para lograr el mismo objetivo.

. . .

Si tu principal objetivo es perder peso, intenta caminar en caminos inclinados o alternar caminar y trotar (cinco minutos caminando con un ligero trote por diez minutos y repetida hasta lograr hacer 30 a 60 minutos).

Intenta que tu meta sean 10 mil pasos por día, ya que es el nivel de actividad recomendado para adultos. Puedes llevar el conteo utilizando una aplicación que cuenta pasos o utilizando los dispositivos que hacen el conteo. El secreto está en llegar hasta este punto comenzando con unos dos mil pasos por día en tu primera semana, algo bastante razonable, y luego ir añadiendo mil pasos a tu cuota semanal conforme incrementas tu actividad.

Algunos buenos consejos para mantenerte por el buen camino serían:

- Utilizar zapatos ligeros y cómodos, al igual que en unos calcetines cómodos que aseguren que tu piel no sufra durante el ejercicio.
- Apegarse al programa de ejercicios. Cuando el clima no sea hábito para hacer ejercicio en exteriores, puedes realizar las caminatas en interiores como en un centro comercial o en una caminadora.
- Haz una lista de música motivacional con

canciones que te den energía para mantener el humor mientras caminas.
- Encuentra a un compañero de caminata para compartir tu viaje, para que así se apoyen el uno al otro en sus objetivos.

Ejercicios de yoga para revitalizar el cuerpo

El yoga es un ejercicio excelente para el cuerpo porque combina el ejercicio físico con el ejercicio mental. Los ejercicios de yoga son muy buenos para los principiantes y accesibles para cualquiera, sin importar el género, la edad o el peso corporal.

La combinación del control de la expiración, poses del cuerpo y la meditación pueden calmar la mente y fortalecer tu cuerpo, haciendo que el yoga sea muy bueno para los ejercicios matutinos rápidos para prepararte para el día y para las actividades físicas de la tarde y así ayudarte a relajarte.

La mayoría de las posturas del yoga son formas de estiramiento que tienen un elemento de meditación añadido, concentrándose en el autodescubrimiento y la mejora personal. Existe una gran variedad de posturas disponibles para los principiantes curiosos, y tal vez la mejor forma de aprovechar las sesiones de yoga sería a unirse a una clase o seguir un tutorial en aplicaciones o videos en línea. Pero ahora vamos a explicar unas cuantas poses de yoga para principiantes para que conozcas esta actividad tan relajante y divertida:

Postura de la cobra

Esta posición aumenta la flexibilidad de la columna vertebral, fortalece los músculos de la espalda y relaja el abdomen, el pecho y los hombros. Para hacerla, debes recostarte sobre tu estómago, con el cuerpo recto y los pies extendidos, los empeines tocando el piso. Luego coloca las manos en el piso, justo debajo de los hombros, y dobla los codos en un ángulo de 90 grados. Tus codos deben abrazar los lados.

Apoya la región pélvica en el piso, respira profundamente y levanta el pecho, asegúrate de que tus costillas inferiores siguen tocando el piso. Puedes mantener el cuello en una posición neutral o doblarlo ligeramente hacia atrás, casi como si quisieras que descansara entre los omoplatos.

. . .

La postura del árbol

Esta postura es muy buena para el balance, la estabilidad y los músculos centrales. Involucra los músculos de tus piernas y de la columna. Es una postura básica para mantener el balance. Todo lo que necesitas es mantenerte de pie en un solo pie y mientras presionas tu otro pie en la cara interior del muslo. Para lograrlo, comienza en una posición sentada, con ambos pies apoyados en el piso.

Cambia tu peso hacia el pie derecho mientras levantas el izquierdo. Intenta no bloquear tu rodilla en este punto.

Presiona tu pie izquierdo en el muslo derecho y viceversa para mantener las caderas balanceadas. Respira profundamente unas 10 veces y luego repite para el otro lado.

Para mantener el balance mientras estás en la posición del árbol, puedes levantar los brazos hacia el cielo y mantener la vista fija en un punto frente a ti.

La postura del bebé feliz

. . .

Esta es una postura de movilidad que tiene como objetivo las caderas, el muslo interno y los músculos isquiotibiales.

Es muy buena para aliviar el estrés y calmar la mente.

Para realizar esta postura, necesitas recostarte y en tu espalda de manera natural. Lentamente lleva las rodillas al pecho sin mover las caderas del piso. Dobla las rodillas en un ángulo de 90 grados y flexiona los pies para que estén mirando al techo. Luego, agarra los pies por el arco con las manos y sostén los, jalando las piernas hacia el pecho o el piso. Debe sentir un ligero estiramiento en la parte de atrás de los modelos si es que lo estás haciendo bien.

Respira profundamente unas cuantas veces y suelta los pies, dejando que tu espalda se relaje naturalmente en el piso.

Postura del perro boca abajo

Esta posición de yoga fortalece los brazos, piernas y espalda mientras que también involucra las abdominales y estimula el flujo sanguíneo hacia el cerebro. Para esta posición, tu cuerpo debería formar una V invertida.

. . .

Comienza recostado en tu abdomen, y luego apóyate en las manos y en las rodillas. Empuja desde los brazos y levanta la parte trasera de tu cuerpo. Tus piernas deberían estar estiradas y las palmas de las manos abiertas y bien enraizadas al piso. Gira la parte superior de los brazos y mantenlos derechos y a los lados de las orejas.

Debes empujar tus omóplatos hacia adentro, queriendo tocar las caderas, y tu cabeza deben colgar libremente.

Para liberar algo de esfuerzo de los brazos, pasar algo de peso a los cuádriceps, esto hará que la postura sea más relajante. La distancia entre las manos y los pies debe ser igual para tener una mayor estabilidad. Exhala profundamente y dobla las rodillas para acabar con la postura y volver a la posición inicial.

Ya que el yoga es un medio muy vasto, te recomiendo que busques más información y encuentres posturas que funcionen mejor para ti y para los objetivos que tienes planeados para tu salud. También, es bastante recomendable buscar tutoriales en video sobre las posturas que se presentan en esta sección, ya que pueden parecer muy simples, pero pueden ser bastante difíciles y es muy importante ser precisos en el yoga. Las ayudas visuales pueden hacer la diferencia para realizar una buena práctica de yoga, te lo aseguro. Así que te deseo buena suerte con tus ejercicios.

5

Los secretos para un sueño saludable

En el mundo presente de los tiempos actuales, en el que parece que no hay suficientes horas en el día para hacer todas las cosas que queremos, dormir correctamente se ha vuelto un lujo. De alguna forma ha alcanzado el estatus de indulgencia o de lujo y no tanto de una necesidad.

¿Exactamente qué es lo que hace que el sueño sea una necesidad, además de las razones obvias de descanso, y qué le pasa a nuestro cuerpo si no obtenemos suficientes horas de sueño?

De acuerdo con las investigaciones, dormir hace más que sólo descansar tus ojos.

. . .

Promueve la reparación de los músculos, permite que el cuerpo mantenga sus funciones importantes, restaura los niveles de energía y le da al cerebro el tiempo y los recursos necesarios para procesar nueva información, lo que beneficia al proceso de aprendizaje y memorización.

Cuando una persona no obtiene las horas recomendadas de sueño por la noche (depravación del sueño), puede llegar a experimentar una gran cantidad de síntomas, tanto físicos como mentales. Por ejemplo, cuando no hay un descanso de calidad, vas a experimentar una deficiencia en la habilidad para pensar claramente, tendrás reacciones más lentas, problemas para concentrarte en las tareas y problemas para controlar tus emociones. Si la privación de sueño continúa por mucho tiempo, tu sistema inmune se va a debilitar, lo que te dejará vulnerable ante las infecciones y enfermedades. Tendrás un mayor riesgo de desarrollar condiciones de salud como depresión, obesidad, diabetes y enfermedades cardiovasculares. Todo eso porque te perdiste de algunas horas de sueño.

El tiempo que pasamos dormidos es un factor muy importante. Muchos de nosotros sacrificamos el tiempo para dormir y preferimos trabajar, pero al hacer esto, estamos afectando nuestra buena salud.

. . .

Se ha comprobado que la falta de sueño afecta las decisiones que tomamos, además de que hay varios estudios que lo relacionan con el aumento de peso.

Lo anterior se debe a que hay dos hormonas que ayudan a regular el hambre y que se ven afectadas por el sueño: la ghrelina y la leptina. La ghrelina estimula el apetito mientras que la leptina lo disminuye. Cuando duermes menos, tu cuerpo produce más ghrelina, lo que hace que el cerebro piense que debes comer más. Cuando uno no duerme en las horas correctas ni tiene un sueño de buena calidad, los niveles de leptina se reducen y los niveles de ghrelina aumentan, lo que hace que quieras comer más y terminas afectando tus hábitos alimenticios.

Asimismo, un estudio comprobó que la falta de sueño hace que la persona coma más carbohidratos y alimentos con muchas grasas. La falta de sueño disminuye la velocidad de tu metabolismo y disminuye la sensibilidad a la insulina, por lo que el cuerpo no es capaz de metabolizar las grasas y los carbohidratos. Eso se traduce en un aumento de peso. Así pues, una persona con un cerebro privado de sueño tenderá a comer más aperitivos de noche.

Ahora que hemos establecido la importancia del sueño, vamos a explicar cuántas horas de sueño necesitas para sentirte fresco durante todo el día, cómo determinar la calidad del sueño y algunos consejos para dormir de forma saludable y trucos para dejar de sentirte cansado todo el tiempo.

¿Cuántas horas de sueño necesito?

Los hábitos y las necesidades de sueño también con el tiempo. Por ejemplo, un adulto debería tener entre 7 a 9 horas de descanso por noche, pero incluso este estimado no es adecuado para cada individuo. Las necesidades de descanso varían mucho de persona a persona. Tal vez te sientas mejor si logras alrededor de siete horas de sueño consecutivo, pero algunas personas se sienten más descansadas si tienen cinco horas de sueño en la noche con algunas siestas intercaladas durante el día. De forma similar, existen personas que se sienten muy afectadas por una noche de sueño insuficiente, mientras que otras personas prosperan con un horario de sueño caótico.

Existen ciertos factores que pueden influenciar en la cantidad de sueño que puedes necesitar. El primero es la edad.

De acuerdo con investigadores que analizan el sueño, los niños menores a dos años necesitan entre 11 a 17 horas por noche; los niños en edad preescolar necesitan entre 10 y 13 horas de sueño por noche; los niños de edad escolar requieren de 9 a 11 horas de sueño por noche; los adolescentes requieren de 8 a 10 horas de sueño por noche; los adultos necesitan de 7 a 9 horas cada noche y los adultos mayores a 65 años necesitan de 7 a 8 horas de descanso por noche. Estas recomendaciones también varían dependiendo de ciertos factores.

En segundo lugar, necesitamos considerar nuestra composición genética individual. Así es, tus genes tienen mucho que decir respecto a la cantidad de sueño que necesitas para sentirte descansado y la forma en la que toleras la privación de sueño. Por ejemplo, una mutación específica hace que algunas personas necesiten sólo cinco horas de sueño por noche, aun cuando para un adulto promedio eso significaría tener síntomas de privación del sueño. De forma similar, las personas que tienen otro tipo de mutación genética o desorden pueden experimentar un sueño más profundo o ser afectados más negativamente por la falta de sueño. La parte negativa respecto a que tu composición genética tenga influencia en tus requisitos de sueño es que no puedes cambiar nada sobre eso, y no puedes saber de forma segura qué tipo de mutaciones tienes.

Por lo tanto, necesitas monitorear la cantidad de sueño que obtienes y decidir por ti mismo si es suficiente o no.

El último factor de importancia que afecta los requisitos de sueño es la calidad del descanso que obtenemos. Un sueño de poca calidad te deja sintiéndote cansado, incluso si duermes tus ocho horas regulares por noche. Así pues, dormir bien es igual de importante que dormir las horas suficientes.

Tipos de sueño

Existen dos tipos de sueño. El primero es el sueño sin movimientos oculares rápidos (NREM por sus siglas en inglés) y el segundo es el sueño de movimientos oculares rápidos (REM).

. . .

El sueño NREM se divide en cuatro etapas. Un ciclo completo de sueño dura aproximadamente 90 minutos.

A partir del segundo ciclo, estos periodos son más extensos y llegan a durar aproximadamente de 90 a 120 minutos.

Etapa 1

En esta etapa, el sueño es ligero y los ojos están entornados, se puede interrumpir fácilmente y despertar. Es un estado despierto de relajación que puede estar precedido por contracciones musculares. Si despiertas a una persona durante esta etapa, es muy probable que te digan que no estaban dormidos realmente.

Etapa 2

Dura aproximadamente de 10 a 25 minutos en el ciclo inicial y se hace más extenso durante cada ciclo sucesivo.

. . .

Aquí se detiene el movimiento ocular rápido y el cuerpo se prepara para el sueño profundo. También se hace más lento el ritmo cardiaco y disminuye un poco la temperatura corporal. Te vuelves menos consciente de tus alrededores.

La actividad cerebral se vuelve más lenta con momentos ocasionales de ondas cerebrales rápidas.

Etapa 3

A esta etapa se la conoce como la onda lenta de sueño. Se caracteriza por una onda lenta de actividad cerebral llamada onda delta. Los músculos se relajan, disminuye la presión arterial y también disminuye el ritmo de respiración. En este momento es cuando llega el sueño profundo. La persona puede llegar a experimentar sonambulismo, terrores nocturnos, hablar durante el sueño y mojar la cama (todas estas señales de que no es un sueño de calidad). Las personas se vuelven menos responsivas a los ruidos y a la actividad, por lo cual no se puede obtener una respuesta con mucha facilidad.

Etapa 4

. . .

La posibilidad de despertarse es mucho más elevada en esta etapa. Despertar a una persona en este momento puede llevar a la desorientación.

Las etapas 3 y 4 son muy importantes para lograr tener un buen descanso. Debemos aprender a dormir los ciclos completos y proporcionarle consistencia al cuerpo.

Sueño REM

Tener sueños mientras duermes se asocia con el sueño REM. La pérdida de la fuerza en los músculos y en los reflejos tiene una función muy importante porque previene que el individuo actúe según sus sueños y pesadillas mientras duerme. Aproximadamente un 80% del recuerdo de los sueños vívidos ocurren porque la persona se despierta en esta etapa del sueño, ya que el cerebro se vuelve más activo. Durante el sueño REM el cuerpo se relaja y se queda inmóvil. Los ojos se mueven rápidamente.

. . .

Esta etapa se caracteriza por el movimiento rápido de ojos, el aumento en el ritmo de la respiración y una mayor actividad cerebral.

¿Cómo sé que mis horas de descanso son de calidad?

Para saber si tus conductas y rutinas de sueño actuales te proporcionan suficiente descanso de calidad, los investigadores han creado una breve secuencia de oraciones que describen el sueño saludable.

Si tienes unas horas de sueño de calidad y saludables, debería pasar lo siguiente:

- Despertar de lleno de energía como si hubiera recargado tus baterías.
- Sentirte alerta, descansado, sin dificultades para concentrarte en tus tareas y ser productivo durante tus horas despierto.
- Obtener unas 7 a 9 horas de sueño regularmente en un periodo de 24 horas, incluyendo las siestas.
- Quedarte dormido rápidamente, entre unos 15 a 20 minutos desde que te acuestas.
- Tener un sueño continuo que no se

interrumpe por periodos de estar despierto, incapaz de volver a quedarte dormido.
- No experimentará cambios o molestias durante las horas de descanso, como ronquidos, inquietos, momentos sin respirar, sonambulismo, hablar dormido, pesadillas u otras anormalidades.

Si no te identificas con ninguna de estas cosas, entonces es posible que padezcas de falta de sueño de calidad. Si tu rutina y tu conducta de sueño no cambian, corres el peligro de experimentar privación de sueño. Pero no te preocupes. Existen maneras en las que puedes mejorar la calidad de tu sueño y asegúrate de que te despiertes sintiéndote fresco y listo para el nuevo día.

Ahora hablaremos de unas cuantas recomendaciones y consejos para lograr tener unas horas de descanso saludable.

Cómo mejorar tu descanso

Existen muchos cambios que puedes realizar para mejorar la calidad y la duración de tu sueño. El primer y más importante paso para lograr un descanso saludable es establecer y apegarte a un horario de descanso. Tener una rutina te ayudará a quedarte dormido más fácilmente y despertarte sintiendo mucha energía. Para crear un calendario de sueño que te regrese al camino correcto, intenta acostarte y despertarte a la misma hora cada día.

Tener una hora establecida para el momento y de acostarte y de despertarte le va a permitir a tu cuerpo acostumbrarse a la rutina, lo que va a mejorar la calidad del sueño.

Para determinar cuántas horas debes dormir, necesitas intentar el siguiente truco muy sencillo.

- Elige una hora al día para despertarte basándote en tu horario diario y apégate a ella sin importar qué pase, incluso en los días en los que la tentación de quedarte dormido sea demasiado fuerte.
- Para establecer una hora apropiada para irte a dormir, considera tu hora de despertar y haz la resta correspondiente para permitir que tengas las ocho horas de sueño recomendadas y luego añade una media hora adicional. Esta media hora adicional es bastante tiempo para que te puedas quedar dormido, incluso si tienes dificultades con ese aspecto.
- Si logras tener las horas suficientes, entonces

te vas a despertar por tu propia cuenta, sin la ayuda de una alarma. Sin embargo, si descubres que te cuesta trabajo despertarte, incluso con la alarma, entonces considerar establecer una hora más temprana para acostarte, ya que tal vez necesites más horas de sueño.
- Si alguna vez necesitas cambiar tu horario para dormir, intenta hacerlo de forma paulatina para permitir que tu cuerpo reajuste su ciclo interno de sueño.

Una buena idea para tomar en cuenta cuando establezcas una rutina para dormir es ser inteligente con tus siestas.

Una siesta rápida te puede ayudar a reparar algo del sueño perdido, pero si tu siesta es muy tarde o es demasiado larga, tal vez termines afectando tu horario para dormir y tendrás problemas para dormir. Para evitar que suceda esto, intenta limitar tus siestas a una duración máxima de 20 minutos, y elige la opción de tomar la siesta a primeras horas de la tarde después de haber comido. Otro consejo útil para recordar es apegarse al horario incluso cuando sientas la necesidad de dormir, en especial después de la cena. Es normal sentirse cansado conforme se acerca la noche, pero si te rindes ante la sensación de ir a dormir más temprano de lo usual, también es probable que te despiertes durante la noche y descubras que no te puedes volver a dormir. Así pues, siempre debes seguir las reglas que has establecido para descansar.

El segundo paso que puedes dar para mejorar tu sueño es cultivar hábitos que estimulan el sueño a lo largo del día.

Las cosas que hacemos durante el día básicamente dictan qué tal dormimos de noche.

Por eso, es muy importante involucrarse en conductas y acciones que promuevan el sueño si es que quieres dormir de forma saludable.
Algunos hábitos que ayudan a dormir son:

- Controlar tu exposición a la luz: la exposición a la luz regula nuestro ciclo de sueño por medio de la acción de la melatonina, la hormona del sueño. Cuando nos exponemos a la luz, disminuye la producción de melatonina, lo que nos hace estar más alertas, y cuando está oscuro, aumenta la producción de melatonina, lo que nos hace sentir con más sueño. Exponerte a la luz natural del día puede ayudarte a normalizar tu ciclo interno de sueño, lo que te ayudará a quedarte dormido en la noche con mayor facilidad. Algunos consejos para esto es pasar más tiempo afuera durante el día, mantener las cortinas abiertas para permitir que entre la luz natural y asegurarte de que tu recámara esté oscura cuando sea hora de ir a dormir.

- Ser activo: hacer ejercicio de forma regular está relacionado con un mejor sueño durante la noche, ya que estimula las etapas restaurativas y regenerativas del sueño. No tienes que involucrarte en actividades físicas de mucha intensidad; pequeños ejercicios de diez minutos son suficientes para mejorar la calidad del sueño. Sin embargo, debes ser consistente con tus ejercicios y tener paciencia. Te puede tomar unos cuantos meses ser activo constantemente para notar una diferencia en tu sueño. También debes evitar hacer ejercicio al menos unas tres horas antes de ir a dormir porque puede afectar tu habilidad natural para dormir. Sin embargo, ejercicios suaves como el yoga pueden tener efectos estimulantes del sueño si se hacen en la tarde, ya que te ayudan a relajarte y despejar tu mente.

- Poner atención a tu nutrición: evita todo lo que puedas comer comidas pesadas antes de ir a dormir, ya que el proceso de digestión puede dificultar el proceso para quedarte dormido y puedes experimentar agruras y problemas estomacales. Tomar muchos líquidos es otra mala idea para antes de ir a dormir, ya que te hará despertar para ir al baño durante la noche. Un buen consejo de nutrición es disminuir tu consumo de carbohidratos refinados y alimentos azucarados debido a que tiene efectos negativos en la calidad y en la duración del sueño, lo que te mantendrá despierto durante la noche. Otra cosa que debes monitorear es tu consumo de cafeína y de alcohol. Las bebidas con cafeína como el café, los refrescos y los tés, y los productos con cafeína como el chocolate pueden afectar tu habilidad para quedarte dormido a la hora que has establecido. El alcohol también reduce la calidad del sueño.
- Evitar la nicotina: si necesitas otra razón para dejar de fumar, aquí la tienes. La nicotina es mala para el sueño. Es un estimulante que llega a afectar la habilidad para quedarse dormido y para dormir de forma continua. Esto también aplica para los fumadores

pasivos, así que debes tener cuidado con tu exposición al humo de cigarro.
- Limitar las actividades en la cama: quieres que tu cerebro asocie la cama con dormir, por lo que pasar el tiempo en la cama durante el día puede afectar tu habilidad para realizar esa asociación. Este cambio puede hacer que haya menos problemas durante la noche.

El tercer paso que te puede ayudar a tener más horas de sueño saludable es establecer una rutina para ir a dormir. Una rutina puede ayudar a tu mente y a tu cuerpo a comprender que es hora de ir a dormir, lo que hará más fácil quedarte dormido y dormir bien. Por ejemplo, se recomienda que antes de la hora de dormir te tomes unos 30 minutos para relajarte. Puedes realizar algunos ejercicios de estiramiento ligero, leer, intentar realizar un ejercicio de relajación y respiración profunda, meditar o escuchar música tranquila. Hablaremos más sobre las técnicas de relajación y meditación en el capítulo siete.

Reduce la intensidad de la luz para estimular la secreción de melatonina y promover el sueño. Por último, mantente lejos de los dispositivos electrónicos como los teléfonos, tabletas y computadoras, también de las televisiones. Las pantallas son muy brillantes y reduce en la producción natural de las hormonas de sueño, también mantienes tu mente activa, lo que hace que sea más difícil relajarte y quedarte dormido.

Otra cosa que puedes hacer para promover una buena noche de sueño es tan simple y sencillo como mejorar tu entorno para dormir, es decir tu recámara. Si tu recámara es un lugar de comodidad y relajación, se te hará mucho más fácil ir a la cama y dormir como un bebé.

Puedes optimizar tu recámara al eliminar las fuentes de ruido; mantener una temperatura cómoda para dormir; instalar cortinas para bloquear las fuentes de luz y comprar un colchón, almohadas y sábanas de buena calidad.

Si sueles despertarte en la noche y no logras volver a quedarte dormido, aquí hay unos cuantos consejos:

- No te estreses al respecto y mejor concéntrate en tu respiración o la forma en la que se siente tu cuerpo. Puedes realizar un ejercicio de relajación como la respiración controlada u otras técnicas que pueden ayudarte a tranquilizarte para volver a dormir.
- Levantarte y hacer algo relajante como leer un

libro, meditar o estirar por unos cuantos minutos. Esto hará que tu mente piense en otra cosa y no en la frustración de no poder dormir, por lo que vas a mejorar tus probabilidades de quedarte dormido.

No tengas miedo de experimentar con diferentes métodos para estimular el sueño. Nunca sabes lo que puede funcionar a menos que lo intentes y existe una gran variedad de técnicas. Una buena idea sería llevar un diario de sueño y observar tus conductas para dormir, monitoreando las diferentes técnicas que te funcionan y analizar qué cosas podrían afectar tu habilidad para dormir. Si parece que nada funciona, habla con un especialista sobre tus problemas para dormir. Es importante arreglar los problemas para dormir para evitar la privación de sueño y asegurarte de que no haya otros problemas subyacentes.

6

Ejercicios mentales para restaurar la juventud cognitiva

CONFORME ENVEJECEMOS, nuestra habilidad para memorizar y aprender cosas nuevas llega a cambiar. El cerebro es un órgano muy complejo que abarca una vieran variedad de áreas especializadas y millones de neuronas (células cerebrales). Los problemas de memoria y cognitivos suceden cuando el cerebro cambia su estructura y función debido a la edad y a la falta de ejercicio. Aunque es normal experimentará pequeños cambios en las habilidades cognitivas conforme llegamos a la tercera edad, una pérdida de memoria significativa no es normal. Una gran pérdida de memoria puede indicar un trastorno degenerativo como el Alzheimer u otro tipo de enfermedad neurológica. Para la persona saludable promedio, llevar un estilo de vida saludable para el cerebro preserva las habilidades cognitivas, incluso a la tercera edad.

· · ·

¿Pero cómo pueden nuestros estilos de vida ayudar a la salud cerebral y qué asegura que no perdamos nuestra habilidad cognitiva con la edad?

¿Cómo podemos mejorar nuestra habilidad cognitiva?

Para contestar a esta pregunta, Si lo que quieres es cuidar de tu cerebro, la mejor técnica es apegarse a los hábitos saludables. Muchos estudios han investigado la relación entre las habilidades cognitivas y de un estilo de vida saludable, y se descubrió que con una dieta balanceada y con mucho ejercicio físico se reducen los riesgos de desarrollar demencia o de sufrir problemas de pérdida de memoria o de aprendizaje. Se demostró que una dieta con muchos antioxidantes y baja en grasas es muy buena para la salud general del cerebro. Se demostró que el ejercicio físico desencadena la activación del hipocampo, el centro de memoria del cerebro, y estimula una buena función cerebral.

Además de tener un estilo de vida saludable para el cerebro que siga los principios que hemos explicado en este libro, es muy importante realizar ejercicios para el cerebro. El cerebro es un órgano dinámico, programado para siempre estar buscando cosas nuevas para aprender.

. . .

Piensa que el cerebro es como un músculo.

Si no lo utilizas, se hace más débil y reduce su tamaño. A esto se le conoce como atrofia cerebral y sucede cuando las neuronas y los caminos neuronales (las conexiones entre las células cerebrales que permite en la comunicación y analizar la información) se destruyen. El cerebro se atrofia cuando se mantiene pasivo por demasiado tiempo.

Por ejemplo, ver la televisión, aunque puede ser muy disfrutable, es una actividad pasiva que no estimula el cerebro. Lo mismo sucede para revisar las redes sociales o consumir cualquier tipo de medio. Esto sólo sucede cuando estamos de forma pasiva recibiendo información y no tratamos de pensar en las cosas que vemos.

Practica regularmente ejercicios cerebrales mejora la memoria, el razonamiento y la concentración. También ayuda a la salud vascular y proporciona protección ante la posible atrofia del tejido cerebral. Las investigaciones demuestran que, al involucrarse diligentemente en ejercicios mentales, las personas mayores pueden restaurar su juventud cognitiva, mejorar su capacidad mental y hacer más lenta la degeneración asociada con la edad.

No tendrás que gastar mucho dinero en mi invertir en juegos y aplicaciones de teléfono que te prometen mejorar tu desempeño cerebral. Puede ser que se proporcionen algunos beneficios, pero, hasta ahora, no se ha demostrado su eficiencia por medio de investigaciones científicas. Por lo tanto, los expertos recomiendan ejercicios y actividades cerebrales sencillas que involucran situaciones de la vida real. Casi cualquier cosa que represente un reto e involucre el uso de más de un sentido puede fortalecer el funcionamiento del cerebro. Nuestro cerebro memorizar cosas por medio de la asociación, razón por la cual podemos recordar la letra de una canción, pero nos cuesta trabajo aprender un poema. El sentido añadido del oído al escuchar la melodía aparte de leer la letra nos permite aprender más rápido, mientras que también incrementa la actividad de nuestro cerebro.

Entre más sentidos utilices cuando estés aprendiendo algo nuevo, más divertido y más estimulante será para tu cerebro. Una idea interesante para el ejercicio o cerebral sería adivinar los ingredientes de un platillo al utilizar tu sentido del olfato y del gusto. Otra idea culinaria sería que tu pareja o un amigo compre un arreglo de frutas y verduras y que adivines, con los ojos cerrados, qué fruta o verdura es basándote en la textura, olor y sabor. O puedes aventurarte en cosas más creativas al experimentar Trabajando con diferentes materiales, medios y técnicas.

Un buen momento para hacer este tipo de ejercicios cerebrales sería en la mañana, después de un vaso de agua y un breve entrenamiento para llenar de energía tu mente y prepararla para el nuevo día, o también puede realizarla en la tarde para ayudar a tener una noche de sueño saludable.

Ejercicios sencillos para el cerebro

Ya hemos establecido que el ejercicio mental es muy importante y sabemos que cualquier cosa que represente un reto o que involucre nuestros sentidos es algo estimulante para nuestros cerebros. Ahora vamos a revisar unos sencillos ejercicios que cualquier persona puede hacer en casa, además de unos cuantos consejos que debes considerar:

- Resolver rompecabezas: cualquier rompecabezas proporciona un buen ejercicio mental para las personas de todas las edades.

Aquí podemos incluir el sudoku, crucigramas, rompecabezas tradicional y los juegos de encontrar las diferencias. Los rompecabezas son muy buenos porque se pueden disfrutar, son relajantes y fácilmente los podemos integrar a nuestro horario diario. Si te gusta leer el periódico en las mañanas antes o después del desayuno, luego puedes pasar al sudoku o intentar resolver el rompecabezas de números. Puedes comprar un rompecabezas de 500 o 1000 piezas y dedicarle media hora de tu tarde para tratar de resolverlo y armarlo. Encuentra cualquier tipo de rompecabezas que te interese más y esfuérzate para añadirlo a tu rutina diaria.

- Aprende una nueva habilidad: tratar de aprender una nueva habilidad no sólo es una actividad emocionante, sino que también es algo muy bueno para tu cerebro y mejora tu humor. Por ejemplo, se ha comprobado que aprender a tocar un nuevo instrumento hace más lento el proceso de envejecimiento y mantiene la mente despierta y fuerte, sin importar la edad. Tomar clases de cocina estimula las habilidades de aprendizaje y también mejora tus sentidos, ya que tienes que probar, oler, tocar y ver los ingredientes. Puedes meterte a clases de yoga, de golf u otro deporte que sea un reto para tu cuerpo y tu mente. Adquiere pasatiempos como tejer, bordar, hacer jardinería, pintar, hacer cerámica, corte y confección o escultura para mejorar tu coordinación, concentración y humor mientras también pones a trabajar tu lado creativo. Aprende un nuevo idioma usando materiales escritos, en audio y en video para involucrar todos los sentidos que puedas. En realidad, no importa qué aprendas, siempre y cuando sea algo nuevo e interesante para ti. Sólo concéntrate y ve aumentando la frecuencia de tus clases, pero no exageres.

- Intenta escribir un diario: el simple acto de escribir tus pensamientos en papel es suficiente para estimular tu memoria, tu concentración y para incrementar tu inteligencia. Escribir cartas para tus seres amados o incluso simplemente poner por escrito cosas que quieras recordar tiene un efecto similar en el funcionamiento del cerebro.
- Realiza pruebas frecuentemente: prepara pequeños retos para ti mismo, como intentar una nueva ruta para ir a casa, memorizar tu lista de compras, hacer matemáticas en tu cabeza sin la ayuda de la calculadora, pensar en formas innovadoras para realizar las tareas aburridas, y cosas por el estilo. Estos sencillos

ejercicios son efectivos y tienen el beneficio de permitirte crear tus propias reglas.

Si quieres recordar información reciente, como el nombre o el teléfono de alguien, o algún dato interesante que acabas de escuchar en alguna parte, no sientas vergüenza de repetirlo en voz alta o de escribirlo. Así es como refuerzas la memoria reciente y te aseguras de que la información se quede en tu cabeza.

Igualmente, tampoco dudes a la hora de usar cosas como calendarios, planeadores, carpetas y listas para tener la información de rutina siempre disponible y a la mano y así reducir la carga de tu memoria. Llega una edad en la que debes conservar la energía de tu cerebro y solamente usarla cuando es necesaria. Para hacer eso, además de usar planeadores y cosas por el estilo, es muy útil remover el desorden de tu lugar de trabajo, tener una rutina en la mañana y en la noche, usar mnemotécnicas (palabras cortas, poemas o frases que ayudan a la memoria) para recordar listas y conjunto de acciones, y tener un lugar designado para los objetos del día a día. Un ejemplo popular de reglas mnemotécnicas es "mi vecina tiene muchas joyas, sólo una no presta", la cual se usa para recordar el orden de los planetas. Mercurio, Venus, Tierra, Marte, Júpiter, Saturno, Urano, Neptuno y Plutón.

. . .

Cuando te enfrentas a pequeños lapsos de memoria, intenta lidiar con la frustración de manera positiva. No lo veas como una señal de que tu habilidad cognitiva está disminuyendo, sino como una oportunidad para mejorar. Si trabajas duro para estimular tu cerebro y creer en ti mismo, entonces vas a tener éxito. Nunca es demasiado tarde para poner a prueba tu materia gris y restaurar la juventud cognitiva.

7

Dos técnicas de relajación que te pueden ayudar con el estrés y la ansiedad

Por desgracia, el estrés y la ansiedad son estándares normales para nuestra vida moderna. Medimos nuestro éxito con qué tanto estamos ocupados y solemos olvidar tomar un descanso y recuperar nuestros cuerpos. Es normal experimentar estrés de vez en cuando. Nuestras responsabilidades de cada día o los eventos importantes de nuestras vidas pueden desencadenar respuestas de estrés y, para situaciones a corto plazo, nuestro mecanismo natural para lidiar con el estrés nos ayuda a aguantar.

Pero cuando vives en un estado de estrés constante y tus niveles hormonales de estrés se quedan elevados por mucho tiempo, tu bienestar puede verse seriamente afectado.

. . .

El estrés crónico se ha relacionado con síntomas como dolor de cabeza, irritabilidad, niveles elevados de azúcar en la sangre, problemas de fertilidad, tensión muscular, agruras, sistema inmune debilitado, dolor de estómago e insomnio. La exposición prolongada al estrés intenso también puede llevar a problemas mentales serios como trastornos de ansiedad y depresión. La ansiedad también es normal. Todos sentimos ese miedo antes de una entrevista de trabajo, para una reunión con los jefes o para una presentación importante. Pero si no aprendemos a ignorarla y permitimos que tome el control de nuestra vida, la ansiedad puede tener efectos muy graves en nuestra salud física y mental, lo que lleva a síntomas como ataques de pánico, hiperventilar, náuseas, presión arterial elevada, dolores inexplicables, problemas respiratorios, mareos, sistema inmune debilitado, insomnio y aislamiento social.

Aprender a relajarse y dejar ir la tensión de la vida diaria puede prevenir que los efectos negativos del estrés y la ansiedad se acumulen y te ayudará a percibir las cosas desde una perspectiva diferente, para así concentrarte en un enfoque para resolver el problema en vez de pensar demasiado cada cosa que sale mal. Podemos definir la relajación como una sensación de calma y serenidad que nos permite manejar las emociones negativas y destructivas. La relajación tiene muchos beneficios saludables para nuestro bienestar físico y mental.

Las técnicas de relajación pueden ser fácilmente incorporadas a nuestra rutina diaria, lo que hace que sean muy accesibles para cualquier persona con la necesidad de un descanso. Los beneficios saludables asociados con la relajación son:

- Dolor crónico y tensión reducidos.
- Menor presión arterial, ritmo cardiaco y ritmo respiratorio.
- Aumento de flujo sanguíneo hacia los músculos más grandes y al cerebro.
- Mejor digestión.
- Reduce la sensación de cansancio.
- Normalización de los niveles de azúcar en la sangre.
- Mejor manejo de emociones negativas como el enojo, la frustración y la baja autoestima.
- Mejor humor, concentración y memoria.
- Aumento de confianza para lidiar con los problemas y encontrar soluciones.
- Mejor calidad y duración de sueño.
- Menor actividad de las hormonas asociadas con el estrés.

Para obtener los mejores resultados de la relajación, se recomienda que vaya a la par de un estilo de vida generalmente saludable (con una dieta nutritiva y balanceada, actividades físicas y mentales frecuentes, y un sueño de buena calidad) y tener un buen sistema de apoyo con otras prácticas positivas como pensar positivamente y la habilidad para encontrar el humor en las situaciones desesperanzadoras.

Ahora que hemos cubierto el impacto que tienen el estrés y la ansiedad en el cuerpo y la importancia de la relajación, ahora vamos a hablar de dos técnicas de relajación eficientes y ver cómo podemos incorporarlas a nuestras vidas.

Entrenamiento autógeno

El entrenamiento autógeno es una técnica de relajación que requiere el uso de la concientización del cuerpo y la imaginación visual para reducir el estrés y la ansiedad. La palabra "autógeno" se refiere a algo que viene del interior, razón por la cual usamos el entrenamiento autógeno como un método de autoayuda para la relajación. La técnica en sí misma no es novedad. Fue presentada por primera vez en 1932 por el Dr. H. H. Sultz, un psiquiatra alemán, como un tratamiento para la tensión y la ansiedad. Desde entonces, las personas han perfeccionado la técnica para permitir que otras personas la realicen en casa cuando prefieran. Muchos estudios han demostrado su eficiencia a la hora de inducir sensaciones de calidez y relajación.

Además de estar respaldado por la ciencia, el entrenamiento autógeno no es tan popular como el yoga, la meditación, la imaginación guiada y otras técnicas de relajación. Esto tal vez se debe a que es algo difícil de practicar de forma correcta. Consideramos que es una forma de autohipnosis que funciona por medio de declaraciones propias y palabras sugestivas, los cuales tienen el propósito de ayudar a relajar diferentes partes del cuerpo y reducir la tensión. Por ejemplo, puedes usar la imaginación mental y la concientización del cuerpo para gradualmente relajar tus brazos y piernas, uno por uno, reducir el ritmo de tu respiración o disminuir tu ritmo cardiaco.

El entrenamiento autógeno es poderoso. Si lo llegas a dominar, puedes comenzar a inducir el estado de relajación al decir "estoy calmado", "todo está bien" u otras declaraciones autocalmantes.

. . .

Así que, ¿cómo se puede practicar el entrenamiento autógeno y cómo lo puedes incluir en tu vida diaria?

Primero que nada, necesitas prepararte a ti mismo para el ejercicio de relajación. Encuentra un lugar seguro que sea silencioso y libre de cualquier distracción posible. Afloja cualquier prenda de ropa que se sienta restrictiva o cámbiate a ropas más cómodas si puedes.

Recuéstate en un tapete o siéntate en una silla que le brinde buen apoyo a tu espalda. Coloca las manos en tu regazo o en los brazos de la silla, cualquier forma que se sienta más cómoda para ti. Quítate los lentes y reclínate en la silla. Ahora estás listo para empezar.

Comienza practicando algunos ejercicios de respiración.

Intenta diferentes formas de respiración profunda antes de los ejercicios de relajación. Intenta la respiración por el diafragma al colocar una mano en la parte superior del pecho y la otra mano en el abdomen, respira profundamente conforme cuentas hasta el número tres en tu mente. Si lo realizas de la forma correcta, solamente tu abdomen debería moverse. Aguanta la respiración por un segundo y luego exhala, permitiendo que tu estómago vuelva a su posición inicial conforme cuentas hasta tres.

. . .

Continúa por unos 5 o 10 minutos para despejar tu mente y prepararte para los ejercicios. Respirar lentamente y de forma regular también funciona, si es que quieres ser menos técnico al respecto. Conforme te vas tranquilizando, añade declaraciones personales como "estoy tranquilo" o "me siento relajado". Siéntete libre de crear tu propia declaración.

Concentra tu atención en los brazos y comienza a decirte a ti mismo lenta y suavemente, "mis brazos se sienten muy pesados". Repite esta oración seis veces y luego continúa con las declaraciones de antes, "estoy tranquilo". In vuelve a redirigir tu atención y repite esta etapa, esta vez diciéndote a ti mismo "mis brazos se sienten muy cálidos" antes de repetir tu declaración. Asociamos la sensación de calidez y de pesadez con la relajación, por lo que son muy importantes estas secuencias.

Ahora concentra tu atención en las piernas y repite la misma rutina que hiciste para los brazos. Repite "mis piernas se sienten muy pesadas" seis veces, di "estoy calmado", luego repite, "mis piernas se sienten muy cálidas" seis veces, seguido de otro "estoy tranquilo". Recuerda hablar lento y con suavidad.

. . .

Para la siguiente etapa, debes repetir en silencio para tus adentros, "el palpitar de mi corazón es calmado y constante" seis veces, seguido de "estoy tranquilo".

Luego puedes seguir adelante y decirte a ti mismo, seis veces, "mi respiración es calmada y constante, y luego terminar una vez más, "estoy tranquilo".

Ahora, necesitas concentrarte en tu abdomen y decirte a ti mismo, seis veces, "mi abdomen se siente cálido", seguido de "estoy tranquilo". Lo siguiente es tu frente, pero esta vez vas a repetir seis veces "mi frente se siente fría", ya que la relajación se asocia con lo frío en la cabeza. Termina esta secuencia una vez más con otro "estoy tranquilo".

Tómate algo de tiempo para disfrutar las sensaciones en tu cuerpo y sólo relajarte. Una vez que estés listo, puedes terminar la sesión con una declaración como "mis brazos y piernas o firmes, inhala y abre los ojos", o cualquier cosa que sientas apropiada.

. . .

Si tienes problemas para llegar a un estado de tranquilidad, intenta escuchar una audioguía y sigue las instrucciones de la grabación. Si experimentas sensaciones de intranquilidad o ansiedad mientras estás practicando el entrenamiento autógeno, detente e inmediatamente y busca ayuda profesional antes de volverlo a intentar. Si tienes problemas con una condición psiquiátrica o médicas, sería buena idea contactar a tu médico antes de intentar cualquier técnica de relajación compleja. Un profesional te puede proporcionar más información, ayudarte a decidir si una técnica sería beneficiosa para ti y proporcionarte una mejor perspectiva sobre cómo practicar este ejercicio de forma segura.

Es mejor e integrado el entrenamiento autógeno a tu rutina de la tarde o para antes de dormir, ya que te ayudará a reiniciar tu mente y cuerpo, y prepararte para una buena noche de sueño.

Meditación

A diferencia del entrenamiento autógeno que es complicado y no muy popular, es posible que la meditación sea el ejercicio de relajación más popular debido a su accesibilidad. Cualquier persona puede aprender a meditar.

. . .

Una vez que has dominado los caminos para la meditación, prácticamente lo puedes practicar en cualquier parte. La meditación es un ejercicio para la mente, ya que se concentra en controlar tus pensamientos y lograr un estado de paz y armonía mental.

La meditación se puede definir como un estado que tiene la intención de aumentar el estado de conciencia y concentrar la atención. Te ayuda a cambiar tu actitud respecto a la vida, ya que te proporciona mucha paz interior, paz mental y felicidad. Te ayuda a lograr un mejor entendimiento de ti mismo y de los demás.

Ya que te ayudará a despejar tu mente, la meditación mejora el nivel de concentración, la memoria, la creatividad y también te hace sentir rejuvenecido.

Los beneficios de la meditación incluyen una mayor sensación de bienestar, un menor ritmo cardiaco y respiratorio, menos ansiedad y estrés de menor intensidad, mejoras en la circulación sanguínea, disminución de la presión arterial y de los niveles de la hormona del estrés, se logra un sueño de mejor calidad y la habilidad para lograr el estado de relajación profunda. Ayuda a mejorar la autoconciencia, aumenta la duración de la vida y puede ayudarte a ser más amable con los demás. La meditación es tan efectiva y beneficiosa que se puede utilizar para combatir las adicciones y las conductas dañinas para la salud.

Existen muchos tipos de meditación y muchas formas en las cuales puedes llevarlos a la práctica.

La meditación consciente tiene el objetivo de incrementar la conciencia sobre uno mismo y ayudarte a ser libre de los ciclos de pensamientos negativos. También se dice que puede llegar a cambiar la estructura del cerebro.

Se ha descubierto que ocho semanas de meditación consciente para la reducción del estrés logró incrementar el grosor cortical en el hipocampo, es decir, la parte cerebral encargada del aprendizaje y de la memoria. También puede ayudar a calmar la mente y el cuerpo mientras aumenta la paz interior. Cuando se realiza antes de dormir, la meditación puede ayudar a reducir el insomnio y los problemas para dormir debido a que promueve la tranquilidad en general.

. . .

Aquellas personas que desean lograr una conexión más profunda con el universo o un ser más elevado practican la meditación espiritual. La meditación concentrada utiliza prácticas similares al entrenamiento autógeno para ayudarte a entrar en contacto con tu cuerpo y relájate a un nivel más profundo. La meditación de movimiento es el actor de dejar que tu mente divague mientras te involucras en actividades físicas como caminar, hacer senderismo o yoga. La meditación con un mantra utiliza un cántico o una palabra específica para ligarte al estado meditativo y ayudarte a despejar tu mente. Y la meditación trascendental es una forma ajustable de esta última forma de meditación, en la que te permite elegir tu propio mantra para concentrarte o puedes seguir un material de meditación guiada.

Si alguno de estos tipos de meditación te parece compatible contigo, te animo a buscar más información e intentarlo. Por ahora, te presenta algunos pasos y consejos para la meditación básica, la cual es sencilla y puede ayudarte a relajarte en cualquier momento:

- Comienza encontrado un lugar silencioso y siéntate en una posición cómoda. Puede ser en una silla, en el piso, acostarte o sentarte con las piernas cruzadas en un tapete. Elige la actividad que te parezca más relajante y, pero

ten cuidado de mantener la postura correcta, con una espalda recta, los hombros hacia atrás y tu cabeza paralela al piso.
- Establece un límite de tiempo para ti mismo de alrededor de 5 a 10 minutos. Las sesiones breves son mejores para los principiantes, ya que es difícil mantenerse concentrado al inicio. Poco a poco puedes aumentar más el tiempo y llegar a realizar una sesión de 30 minutos al añadir un poco más de tiempo a cada práctica.
- Cierra los ojos con suavidad y relaja los músculos de la cara. Intenta eliminar la tensión de cualquier parte de tu cuerpo y logra llegar a un estado de relajación y comodidad. Cuando sientas que algo está más tenso de lo que debería, respira profundamente y vuelve a concentrarte en la relajación.
- Concéntrate en tu respiración conforme el aire entra y sale. Puedes intentar una técnica de respiración profunda en este punto si tienes problemas para concentrarte.
- Date cuenta de cuándo se aparta tu mente de tu respiración y realiza un esfuerzo activo para volver a concentrarte. No seas muy duro contigo mismo cuando esto suceda. Recuerda que este es sólo tu primer intento; está

destinado a ser algo difícil agarrarle el truco y dejar tus pensamientos de lado. Así pues, reconoce cuando te descubras demasiado obsesionado con tus pensamientos e intenta dejarlos ir. Sé amable y gentil contigo mismo. Conforme sigas experimentando más y más con la meditación, serás capaz de concentrarte por más tiempo y realmente volverte un maestro sobre tu mente.

- Termina con algo más gentil al abrir lentamente los ojos y absorber tu entorno. Regálate unos cuantos segundos para evaluar tus emociones y pensamientos sobre esta nueva experiencia.

Comienza con algo pequeño, establece fechas límites y no tengas miedo de experimentar con diferentes tipos de meditación.

Por ejemplo, algunas personas escuchan música instrumental mientras meditan para tener algo a lo que aferrarse y seguir conforme se desconectan de sus pensamientos. Otras personas prefieren meditar mientras corren o caminar, concentrándose en considerar las perspectivas y vivir en el momento. Encuentra el tipo de meditación que funcione mejor para ti y para tu rutina diaria, y haz que se vuelva un hábito.

. . .

Recuerda, la meditación se puede adaptar a ti, así que no te estreses demasiado respecto a seguir las instrucciones o apegarse a los lineamientos.

Mientras siga ayudando a relajarte, entonces lo estás haciendo bien. Y ten en cuenta que no hay un momento como el presente para practicar las técnicas de relajación y mejorar tu vida.

Conclusión

Los seres humanos envejecemos inevitablemente, tenemos que crecer como parte de nuestras vidas. Los tiempos actuales no someten a mucho estrés debido a que el tipo de vida que llevamos, además de que somos más propensos a enfermedades por culpa de los contaminantes, de la mala alimentación y de un estilo de vida poco saludable. Por todo eso, si quieres una larga vida y además quieres que sean años de buena calidad de vida, debes mejorar la forma en la que vives.

Ya que no podemos cambiar el mundo y todos los productos que nos rodean, debemos adaptarnos y trabajar con lo que tenemos. Tienes que comenzar a tomar las decisiones importantes respecto a tu salud si quieres vivir más tiempo.

Para esto tienes que tener una mejor alimentación, fijarte muy bien en lo que comes, beber más agua, hacer ejercicio constantemente, reducir el consumo de alimentos nocivos para la salud, dormir las horas adecuadas para tu edad y encontrar una forma de lidiar con el estrés de la vida diaria, ya sea por medio de la meditación o actividades relajantes para ti.

Ahora vamos a resumir rápidamente los secretos para vivir durante mucho tiempo una vida muy feliz. Primero, debemos tener mucho cuidado con lo que comemos y, al menos, intentar tener una dieta balanceada. Esto significa saber tomar las mejores decisiones para una dieta, cómo servir raciones de comida y qué alimentos evitar.

Recuerda que siempre debes quitar las etiquetas y los tamaños recomendados de cualquier artículo comestible que quieras comprar. Es mejor elegir la opción orgánica y producida de forma local cuando tengas la opción.

También debes considerar que, si vas a ayudar a tu cuerpo a filtrar las toxinas, siempre tienes la opción de llevar a cabo una dieta de desintoxicación. Incluso si no sigues toda la dieta de limpiezas con jugos o de hígado, de todas maneras, puedes desintoxicarte al no consumir algunos elementos dañinos de tu dieta por una semana, incluyendo cafeína, nicotina, alcohol, alimentos procesa-

Conclusión

dos, o puedes ayudar a tu cuerpo simplemente al comer de forma saludable.

En segundo lugar, necesitamos poner atención a las señales de nuestro cuerpo y tomar suficientes líquidos cuando tenemos sed. No necesitas seguir la regla diaria de beber 8 un vaso de agua o forzarte a beber más líquidos de los que eres físicamente capaz. En lo subestimes tu estado de sed y estarás bien. Los ejercicios físicos y mentales son otra parte de los pilares de un estilo de vida saludable, y si te esfuerzas, puedes ayudar a asegurar que tu físico y tu mente se mantengan jóvenes y despiertos por todo el tiempo que te sea posible. No se requiere mucho para incluir una caminata de 30 minutos y algunos rompecabezas y crucigramas en tus actividades diarias, así que comienza ya con este viaje de doble ejercicio.

En tercer lugar, todos necesitamos dormir de forma adecuada. Realmente hace la diferencia mejorar la duración y la calidad del sueño. Ya sea que te guste o no, nos enojamos y no somos tan agradables cuando estamos cansados. Dormir de forma adecuada te dará una mejor y más positiva perspectiva sobre la vida, así como también podrás darte cuenta de los cambios de forma inmediata. Por último, puedes mejorar tu bienestar si te esfuerzas para manejar el estrés y la ansiedad en tu vida diaria. Las emociones negativas se acumulan cuando no se atienden y tienen consecuencias bastante importantes en nuestra mente y alma. Las técnicas de relajación te ayudan a restaurar tu cuerpo y volver a ganar el control de tus emociones y pensamientos.

Entiendo que este plan pueda hacer algo abrumador. Es difícil cambiar todo tu estilo de vida y no deberías estresante pensando en hacer todo a la vez. Los cambios requieren tiempo. Da un paso a la vez y, poco a poco, conforme incrementas estos principios en tu vida, verás los resultados por ti mismo. Así que comienza de una vez y da el primer paso y comienza a invertir en un futuro más feliz y saludable.

Te deseo una vida feliz y duradera, que tus años siguientes sean de buena calidad.

www.ingramcontent.com/pod-product-compliance
Lightning Source LLC
LaVergne TN
LVHW011708060526
838200LV00051B/2807